U0137194

卡耐基 幸福語錄

戴爾‧卡耐基利用大量普通人不斷努力取得成功的故事，
透過演講和圖書喚起無數陷入迷惘者的鬥志，
激勵他們取得輝煌的成功。

薛玉楠————著

序言

　　世界上發行量最多的書籍非《聖經》莫屬了，但是僅次於《聖經》的又是哪一部著作呢？對此，有不同的答案，有人說是聖·埃克蘇佩里的《小王子》，也有人說是戴爾·卡耐基的《成功學全書》。這一公案暫且擱置，但從中我們可以看出，戴爾·卡耐基其人其作已經深深地影響了我們這個世界。

　　卡耐基的著作卷帙浩繁，我們從中選取了《人性的弱點》、《人性的優點》、《美好的人生》、《快樂的人生》、《成熟的人生》、《寫給女性的忠告》、《語言的突破》、《偉大的人物》、《林肯傳》等九部著作，以期從中擷取一些對我們人生有益的教訓，奉獻給讀者。

　　誠如卡耐基在《人性的優點》序言中所說：「我們已經知道如何過上美好生活……我們的困難不是無知，而是不去行動。」如何把我們生活中所知道的那些樸實無華的道理運用到我們的日常生活中去，是卡耐基試圖告訴我們的第一真理。我們知道應該多做善事，但是當別人摔倒的時候，我們卻未必伸手；我們知道應該趁青春多汲取知識，但是我們仍然輕拋光陰。偉大的真理存在於平凡人的心中，卻從不顯現在他們的手腳上。是的，從不！

　　本書的編撰，更多的采取了縮寫和改寫的方式，編者認為，睿智的思想已經表露無遺，那麼就不必狗尾續貂，

再妄加評論了。閱讀本書，無異於和戴爾‧卡耐基本人對話，因為書中都是他試圖給予我們的啟迪。

Dale
Carnegie

2

目錄

Dale
Carnegie

Dale
Carnegie

第一篇

克服憂慮

消除憂慮的萬能公式

憂慮是人生最大的殺手，它腐蝕我們的心靈，摧毀我們的肉體。

憂慮就像是不停往下滴的水珠，而那不停往下滴、滴、滴的憂慮，通常會使人心神發狂，甚至自殺。（《人性的優點》）

憂慮會使我們的表情難看，會使我們牙關緊閉，會使我們的臉上布滿皺紋，會使我們整天愁眉不展，會使我們兩鬢蒼蒼，有時甚至會使我們頭髮脫落。（《人性的優點》）

那麼，如何克服憂慮呢？

第一步：我們要放棄害怕，誠懇地分析整個情況，然後找出萬一失敗將會出現的最壞的情況。

第二步：預計到很多可能發生的最壞情況之後，讓自己敢於接受它。

第三步：平靜下來並一直保持，把時間和精力用於改善自己現在所面臨的問題和困難。（《人性的優點》）

不要羨慕別人

　　每個人都有自己的優點，祇有時時關注自己的優點，才不會嫉妒別人，不會陷入自怨自艾之中。生活中，美並不缺少，而是缺少發現美的心靈。

　　心靈成熟的過程，是持續不斷地自我發現、自我探索的過程。（《成熟的人生》）

　　當我們深入自我、審查自我之後，會發覺我們身上獨特的、別人所沒有的驚人之處。也許，我們不夠聰明，但我們夠努力；也許，我們不夠勇敢，但我們夠寬容。

　　一個人一旦認識到自己所具有的潛能和優勢，就不會再去羨慕別人而感到自己不如別人了。（《成熟的人生》）

學會欣賞自己

　　在法國作家聖·埃克蘇佩里所寫《小王子》中，小王子的那朵玫瑰和別的玫瑰並沒有什麼不同，一樣的枝葉，一樣的花朵，一樣的顏色，一樣的生長速度。但是，仔細分辨，你會發覺，每朵玫瑰都有自己獨特的美。

　　我們每個人也是如此，同樣的衣著，同樣的年齡，卻有著不同的經歷、不同的內心世界。我們應該欣賞獨一無

二的自己。

　　每個人的生活經歷都是獨一無二的。儘管構成人體的基因是相同的，但每個人的生命都很奇妙地自成一體，絕不相同。（《成熟的人生》）

　　學會欣賞自己，看到自己身上的優點，才能擁有人生最大的財富——自我。

關注我們的優點

　　如果我們盯著疤痕看，看到的永遠是傷害。記住朋友對你的好，而不是他的壞。

　　我們愛我們的朋友，是因為他們的種種優點，而不是缺點。（《成熟的人生》）

　　同樣，我們也要愛我們自己的長處——

　　祇有把注意力放在自己的身上，自己的優秀品質上，發揚優點，克服弱點，這樣才能不斷實現自我。我們要學會自我放鬆，要學會喜歡自己。（《成熟的人生》）

不要過度挑剔自己

「金無足赤，人無完人。」沒有人是十全十美的。我們既不能放任自我，也不能過度自我苛責。

適度的自我批評是健康而有益的，對自我追求進步也極有必要。但如果超過一定限度，則會影響我們的積極行為。（《成熟的人生》）

一個成熟健康的人會對自己有一定限度的忍耐，正如適度地忍耐別人一樣。他不會因為自己的一些弱點或缺點而感到痛苦或沮喪。但如果一個人不喜歡自己，那他表現出來的癥狀之一便是過度地自我挑剔。（《成熟的人生》）

不過度挑剔自己，才能滿意自己，喜歡自己。

不要陷入錯誤的自責中

每個人都會犯錯，重要的是，我們不能一錯再錯。一味地深陷錯誤之中，則永遠和成功無緣。

我們經常因為罪惡感和所犯的錯誤而感到自慚形穢，我們對這樣的自己不能尊重或者喜愛。我們必須把過去所有的錯誤忘掉，重新出發，才能讓自己跳出這樣的困境。培養面對自己缺點的耐心，學會喜歡自己。沒有人永遠能

達到100％的完美，期待別人完美是不公平的，期待自己完美則是愚蠢和荒唐的。（《成熟的人生》）

不要為打翻的牛奶而哭泣，不要為過去的錯誤而苛責自己。如果你錯過了月亮，千萬不要再錯過星光。

寬容自己的錯誤

我們都明白，沒有人能永遠做到最好，因此強行要求別人達到完美既不符合實際，苛求自己完美也就更是以自我為中心了。（《成熟的人生》）

完美主義者也是凡人，所以他也會像其他人一樣遭遇失敗，但是他無法容忍自己的失敗，而是想極力超越失敗，一旦不能如願以償時，結果就祇有痛苦。因此，對自己不要太苛刻，如果能偶爾停下來做一番自我解嘲的話，也許你將會更喜歡自己。（《成熟的人生》）

活在當下

沒有人能活在過去和明天，除非他是一個幻想家，我們所擁有的祇是今天，祇有當下。

把希望寄託在明天，就會「明日復明日，明日何其

多。我生待明日，萬事成蹉跎」。

為明天而憂慮的人，應該在今天就做好迎接明天的一切準備。

我認為人性之中最可悲的一件事是：所有人都拖延著時間不去生活，卻總是夢想著在天邊有一座奇妙的玫瑰園，卻不欣賞開放在我們窗口的玫瑰花。

「人生短暫的歷程是多麼奇怪啊，」史蒂芬・利科克（1869-1944，加拿大幽默作家、經濟學家。——編者注，下同）寫道，「小孩子總是說，『等我變成大孩子的時候……』可那又怎麼樣呢？大孩子會說：『等我長大成人之後……』等他真的長大成人了，他也許會說，『等我結婚以後……』即使等他結了婚，也不會怎樣，他的想法隨後又變成了『等我退休之後……』等他退休之後，再回頭看看自己所經歷的一切，似乎自己錯過了一切，失去了所有的時間，而這一切已一去不復返。可我們總是無法及早學會這個道理：生命就在生活裡，在每一天和每一刻。（《人性的優點》）

生活就在當下，我們應該趕快生活！

把今天的工作做好

那些把希望寄託在明天的人，永遠沒有明天。

你有的是今天……明天的重擔加上昨天的重擔，是你今天最大的障礙，未來就在於今天，沒有明天這個東西。（《人性的優點》）

集中你所有的智慧和熱誠，把今天的工作做得盡善盡美，這就是為明天做準備的最好方法，也是你能應付未來的唯一方法。（《人性的優點》）

不論工作有多麼辛苦，每個人都能幹好他那一天的工作，每個人都能很甜美、很耐心、很可愛而且很純潔地活到太陽下山，這就是生活的真諦。（《人性的優點》）

祇求耕耘，勿問收獲，每天都努力做好今天的事，你會發現你已經擁有一個美好的明天了。

每次祇做一件事

沒有一隻老鷹能同時抓住兩隻兔子，同樣，也沒有一個人能同時做好兩件事。事情有輕重緩急，你可以交替著去處理它們，但你不能同時去處理它們。

每天清晨醒來的時候，就有許許多多的工作擺在面前，要在這一天內完成。但我們一定要均勻地安排自己的

工作和生活，如果我們每次要幾件事同時做，就像要兩粒以上的沙子同時通過窄縫一樣，一定會損害自己的身體和精神。（《人性的優點》）

一次祇流過一粒沙……一次祇做一件事。（《人性的優點》）

就像沙漏，每次祇能流過一粒沙，我們也一次祇能做一件事。

做好手頭的事

我們總是被很多的事情折磨著，如何過得更好，如何處理人際關係，如何昇遷……

很多事情擺在我們面前，以至於我們一時不知如何是好，不知道該從哪件事做起。

對我們而言，最重要的是做手邊清楚的事，而不要去看遠方模糊的事。（《人性的優點》）

祇有做好手頭的事，其他的事情才會迎刃而解。如果生活是條鎖鏈，我們必須從最近的一鏈開始掙脫。

輕鬆生活

《禮記·大學》云：「富潤屋，德潤身，心廣體胖。」一個人，祇有心情愉快、生活輕鬆，才能得到健康和快樂。

在布南醫生的候診室墻面懸挂的黑板上，寫著這樣的療病良方：

> 輕鬆和享受
>
> 最能讓你輕鬆愉快的，
>
> 是健康的信仰、睡眠、音樂和歡笑。
>
> 要相信神，
>
> 要學著睡得安穩，
>
> 喜歡好的音樂，
>
> 從滑稽的一面來看生活，
>
> 那麼健康和快樂都會屬於你。（《人性的優點》）

安穩的睡眠、適度的休閒、愉快的心情、樂觀的態度，是最好的醫生。

不要過度思慮

很多事情，我們經過了認真的分析、仔細的論證，但我們還是遲疑不決，就這樣看著機會白白溜走。過度的思

慮，讓我們懷疑自己，舉步不前。

一旦你以事實為基礎，做出一個很小心的決定，就要付出行動，不要停下來重新考慮，不要遲疑、擔憂和猶豫；不要懷疑自己，否則會引起其他的懷疑，不要一直回頭看。（《人性的優點》）

莎士比亞在《威尼斯商人》中寫道：「一個人思慮太多，就會失去做人的樂趣。」同樣，一個人思慮太多，就會錯失做事的良機。

如何分析問題

生活中充滿種種問題，這些問題困擾著我們。其實，我們每個人都有開啟問題大門的鑰匙。分析問題是解決問題的第一步。且看分析問題的步驟：

第一，問題是什麼？

第二，問題的起因是什麼？

第三，解決問題的方法有哪些？

第四，你建議用哪種解決方法？（《人性的優點》）

我們不妨再加上一條：

第五，什麼時候去做？

滿意自己的工作

並不是每個人都能從事自己滿意的工作。大多數的情況下，工作對我們來說都是生活的負擔，而不是生活的樂趣。如何轉化這種煩惱？那就是找出工作中令你感到滿意的地方。

當你接受一項自己並不喜愛的工作時，那你可能要接受心理或情緒上的挫折。但如果你能運用積極的心態，能夠受到激勵並以此獲得經驗，這樣會使你的工作變得熟練，最終能夠緩解並戰勝這種挫折。（《人性的優點》）

那些幸福而滿意的人們可以控制他們的心態，積極地對待他們的工作。他們不斷地尋找好東西，當某種東西並不太好時，他們首先想到的是能否改進它。他們努力地學習有關工作的知識，以便能更熟練地掌握工作技能，從而使自己和雇主都對工作的結果感到滿意。

而那些不愉快的人卻緊緊地抓住他們的消極心態，好像寧願處於不愉快的精神狀態中，專門尋找該抱怨的每一樣東西：營業時間太長、午餐時間太短、老板太執拗、公司沒有給足夠的假日或獎金。有時他們甚至會抱怨一些不相干的事，例如，舒茜每天穿同樣的衣服、會計員約翰寫字不清楚……他們在工作上和生活中都是不愉快的人，消極的心態完全占有了他們。

工作是否有令人滿意之處與所做的工作種類是無關的。如果你想要愉快和滿意的心情，那就得控制你的心態，把消極心態翻轉到積極心態的那一面，這樣你就能找到一些方法和方式來創造幸福。

如果你可以把幸福和熱情帶到工作環境中去，就會做出應有的貢獻，如果你使得自己的工作饒有趣味，就會用微笑和高效表達出你對工作的滿意。（《人性的優點》）

好好工作是一天，不好好工作也是一天，為什麼不好好工作呢？畢竟，好好工作可以使你獲得更多。

工作滿意的秘密

平凡的工作，卻有不平凡的意義。它可以是你偉大理想的起始點，也可以是你施展才能的空間。賦予平凡的工作以崇高的目標，才會滿意自己的工作。

工作滿意的秘密之一便是能看到超越日常工作的東西。（《人性的優點》）

無論工作如何單調乏味或令人生厭，如果你看到這個工作的末了就是你所向往的目標，那麼這個工作就會給你帶來滿意。

才能往往與工作種類沒有什麼因果關係的。一位聰

穎並且雄心勃勃的青年人可能崛起於出售蘇打水供應器、刷洗汽車或當清潔工等職業中，當然，這類工作其實並不會給他提供挑戰或激勵。這僅僅是一種達到某種目的的手段。然而，他知道，他正在向自己所向往的目標邁進，對他而言，工作無論怎麼辛苦，祇要有助於他取得最終的成果，他就會滿意地接受。

如果你的工作值得付出，就要激勵鬥志，永不滿足。

永不滿足能夠激勵你取得成功。（《人性的優點》）

不能改變自己，也可改變環境

如果你不能改變環境，那麼就改變你自己；如果你不能改變自己，那麼就設法改變環境。改變那些可以改變的，從而使一切都朝著良好的方向發展。

拿破侖・希爾說：「每種逆境都含有等量的成功的種子。」一個人的個性、能力、才能在某一環境中能夠使你愉快並獲得成功，而在另一個環境中可能就會產生相反的結果。

也許改變你的個性和才能是不可能的。那麼，就調整一下你的環境，使之符合你的個性、能力、才能，使自己愉快起來。這樣就可以幫助你把消極的心態改變為積極的

心態，去解決你所碰到的問題。（《人性的優點》）

如果你的工作環境很煩悶、單調，那麼擺上一兩株植物，不僅可以緩解眼部疲勞，還可調劑心情；如果你的工作環境很雜亂，那麼你可以經常清理一些不必要的雜物，使文件整齊有序。總之，不能改變自己，也可改變環境。

忙碌，消除憂慮的良方

工作——讓你忙著，是精神疾病最好的治療劑。

消除憂慮的最好方法是讓自己忙起來，這樣身體中的血液就會開始循環，思想也因此變得敏銳。讓自己一直忙著，這是治療憂鬱癥的最便宜、最有效的良方。（《人性的優點》）

哥倫比亞師範學院教育系的教授詹姆斯·馬歇爾在這方面說得很清楚：「憂慮對你傷害最大的時候，不是在你正忙著工作的時候，而是在你幹完了一天的工作之後。到了那個時候，你的想象力就會混亂，想到各種荒誕不經的事情，誇大每一個小錯誤。這種情況下，你的思想就像一輛沒有載重的車子，橫衝直撞，把一切都摧毀了，甚至把你自己也撞成碎片。所以，消除憂慮的最好方法，就是讓自己忙著，做一些有意義的事情。」（《人性的優點》）

憂慮的人一定要讓自己沉浸在工作中，否則祇有在絕望中掙扎。（《人性的優點》）

蕭伯納總結說：「人們之所以憂慮，就是有空閒時間來想自己到底快樂不快樂。」（《人性的優點》）

四種良好的工作習慣

整天讓我們暈頭轉向的，並不是繁重的工作，而是我們沒有搞清楚自己到底有多少工作，應該先做什麼工作。且看以下四種經過專門檢驗、並被證實行之有效的良好工作習慣：

第一種：將你桌上所有的紙張都收拾好，祇留下你馬上要處理的問題。

第二種：根據事情的重要程度來安排其先後。

第三種：當你遇到必須當場要決定的問題時，那就當場解決，不要猶豫不決。

第四種：學會如何組織、分級負責以及監督。（《人性的優點》）

如何消除工作的煩悶

工作的煩悶應如何消除？

情緒心理比體力勞動更容易讓人產生疲勞，這是人盡皆知的事實。（《人性的優點》）

當我們做感興趣而且令人興奮的事情時很少會疲倦。（《人性的優點》）

你興趣所在的地方，也是你能力所在的地方。（《人性的優點》）

你要不停地提醒自己，對自己的工作感興趣能使你不再憂慮，最後可能給你帶來昇遷和加薪。即使沒有這麼好的結果，也可以使疲勞降低到最低程度，使你享受閒暇時光。（《人性的優點》）

不要因為小事垂頭喪氣

「千里之堤，毀於蟻穴。」日常生活中的小事，常常損耗我們的精神，折磨我們的肉體。其實，這些小事，未必像我們想象的那麼重要，我們卻為這些小事，付出了過重的代價。

我們通常都能很勇敢地面對生活中的重大危機，卻被那些小事情搞得焦頭爛額。人的生命祇有短短幾十年，不

應該浪費寶貴的時間，去為一些一年之內就會被忘了的小事而憂愁。（《人性的優點》）

不要讓自己因為一些應該拋棄、應該忘記的小事而憂慮。要記住：生命如此短暫，不要再為小事而煩惱。（《人性的優點》）

在大多數的時間裡，想要克服由小事情引起的困擾，祇需要把重點轉移一下便可以了——讓你有一個新的能使你開心的看法。（《人性的優點》）

不要再為小事煩惱。你不可能把所有的事情都做得十全十美，忽略那些對你無關緊要的小事，做好那些關乎未來的大事，才不會被小事綁架。

別在乎不公正的批評

當你被別人惡意批評，請記住：

他們之所以要這樣做，是因為這樣能使那些人有一種自以為重要的感覺；通常意味著你已經有所成就，而且值得別人注意。很多人在罵那些教育程度比他們高，或在各方面都比他們成功的人時，都會有一種滿足的快感……叔本華曾經說過：「庸俗的人在偉人的錯誤和愚行中，得到自己最大的快感。」

所以，如果你因為不公正的批評而憂慮時，你要記住：不公正的批評通常祇是一種偽裝過的恭維。從來沒有人願意踢一隻死了的狗。（《人性的優點》）

不幸沒有想象的那麼頻繁

走路是否會被車撞？坐飛機是否會失事？我們被太多不必要的煩惱困擾著。其實，生活中的很多煩惱都是杞人憂天的結果。

要是我們能根據平均概率來評估我們的憂慮，並真正做到長時間不再憂慮，你和我就可以去除百分之九十的憂慮了。（《人性的優點》）

因此，要在憂慮摧毀你之前先改掉憂慮的習慣，就要「讓我們看看紀錄，讓我們根據平均概率問問自己，現在擔心會發生的事情，發生的幾率是多少？」（《人性的優點》）

因噎廢食是不明智的。百萬大獎不會光臨同一個人第二次，同樣，不幸也沒有我們想象的那麼頻繁。

是關注而不是憂慮

關注和憂慮之間區別何在？例如，每當我通過擁擠的紐約街區時，我會對此很注意，可並不是憂慮。關注指的是瞭解問題，然後鎮定自若地采取辦法解決它；而憂慮卻是盲目無助地轉圈子。（《快樂的人生》）

不要對事物過於執著，否則憂慮就會隨之產生。過度的關注，使我們的精神毫無進展，茫無頭緒。

勇敢地接受不可改變的事實

面對社會、自然、生活中的種種煩難事情，人類有很多無奈。當我們不能搬動大路上的石頭時，最好的辦法似乎應該是繞過石頭。

我仰慕的哲學家威廉·詹姆斯說過：「樂於接受現實吧！接受現實是克服任何不幸的第一步。」（《人性的優點》）

在漫長的歲月裡，你和我一定會遇到一些令人不快的事情，既然它們是這樣，就不可能是別樣。我們可以有所選擇：或者把它們當做不可避免的事實而加以接受並適應它們；或者用憂慮來摧毀我們的生活，最後精神崩潰。（《人性的優點》）

顯然，環境本身並不能使我們快樂或不快樂，祇有我們對環境的反應才決定了我們的感受。耶穌說：「天堂在你心中，當然地獄也在。」（《人性的優點》）

天堂還是地獄？一切取決於你的態度。不要讓自己深陷地獄般的煩惱中，要知道，祇要換種方式看待環境，心中便開滿天堂之花。

學會適時的順從

剛者易折，柔者難摧。人在不可抗拒的外力下，學會順從，是一種大智慧。

任何人都不會有足夠的精力，一面與不可改變的現實抗爭，一面又有餘力去開創新的生活。因此，你祇能在兩者之間做出選擇。也就是說，人生在不可抗拒的衝擊下，你如果不能彎腰，那就祇有折斷。

我在密蘇里州（美國中西部地區。著名作家馬克·吐溫的故鄉）我的農場裡就碰見過這樣的事情。我在農場裡種了很多樹。開始時，他們生長的速度很快。接著，遇到一場暴風雪，樹枝被很厚的積雪壓著，因為這些樹枝無法彎曲負重，所以折斷了。

它們無法生存，因為它們沒有寒帶森林的智慧。我在

加拿大數百里的旅行中，看過很多常綠植物，卻從沒見過一棵松樹因為冰雪而斷裂的。它們知道如何彎曲自己的枝條，如何與不可改變的現實配合。

柔道大師常告誡世人，應該像「柳條般柔順」，而不要像「松樹般堅挺」。（《人性的優點》）

改變可以改變的，接受不可改變的

我認為我們都應該學習美國神學家尼布博士所寫的珍貴的祈禱文：

「祈求上天賜予我平靜的心，接受不可改變的事；

給我勇氣，改變我可以改變的事；

並賜予我分辨此兩者的智慧。」（《人性的優點》）

從現在開始，讓我們接受不可改變的事實吧！

不要為事物付出超出其價值的代價

一百年前的一個夜晚，當一隻鳥在瓦爾登湖畔的樹林裡鳴叫的時候，梭羅（亨利‧戴維‧梭羅，19世紀美國最具世界影響力的作家，著有《瓦爾登湖》等膾炙人口的名作）用鵝毛筆蘸著墨水，在日記中寫道：「一個事物的代價，需要當場交換，

或在最後付出。」

用另外一種方式說就是：如果我們以生活的一部分去付出代價，而且付出太多的話，那我們就是這個世界上的傻子。（《人性的優點》）

富蘭克林（本傑明・富蘭克林，1706-1790，18世紀美國最偉大的科學家、發明家）說過，人生的苦難部分產生於他們錯估了事物的價值。因此，聰明人不會為一時的歡娛而浪費青春，也不會為一時的欲念而自毀前程。不要為不值得的事物而透支自己，否則，你將是人世間最大的傻子。

不要為憂慮透支

我相信「正確的價值觀」是獲得心理平靜的最大秘訣。我也相信，祇要我們定出一種個人的標準，我們的憂慮有一半可以立刻消除——就是和我們的生活相比，什麼事情才值得。

任何時候，當我們不知道東西的價值前，讓我們先停下來，問自己下面三個問題：

第一，我現在擔心的問題和我自己到底有什麼關係？

第二，這件讓我憂慮的事情，我應該如何確定「到此為止」的最低限度，然後把它整個忘掉？

第三，我到底應該為這支「哨子」付出多少錢？我付出的是否超過了它的價值？

如果我們能給生活中的各種憂慮劃出一個「到此為止」的界限，那麼，我們會發現生活原來可以這樣開心愉快。（《人性的優點》）

不要做無用功

當你開始憂慮已經發生過的事情時，你祇不過是在鋸一些木屑，這根本是一種無用功。（《人性的優點》）

要想讓過去的錯誤產生價值的唯一方法，就是平靜地分析過去的錯誤，並從錯誤中汲取教訓，忘記錯誤。（《人性的優點》）

如果可能的話，就儘量不要打翻牛奶；萬一打翻了牛奶，就徹底忘記這件事。（《人性的優點》）

莎士比亞曾經說過：「聰明人永遠不會坐在那裡，為他們的錯誤而悲傷；相反，他們會很高興地去尋求辦法彌補創傷。」

雖然犯錯和疏忽是我們的不對，但又能怎麼樣呢？

誰沒有犯過錯？

「不要試著鋸木屑，做那些無用功。」

每天讓自己多清醒一小時

我們總是擔心時間不夠用，總是連續地拼命工作，要知道，緊張的工作中的短暫休息，不僅可以提高工作效率，還能為我們贏得更多的時間。

一個小時的休息時間並不是浪費生命，它可以保證讓你保持更長時間的清醒，使你能夠更加清醒有效地做事。

疲勞容易使人產生憂慮，至少使你比較容易憂慮。任何一個醫學院的人都會告訴你，疲勞會使你的身體降低對一般感冒和疾病的抵抗力；任何一位心理治療家也會告訴你，疲勞會降低你對憂慮和恐懼的抵抗力。所以，防止疲勞可以減少憂慮。（《人性的優點》）

照美國陸軍的方法去做——經常休息；照你心臟的接受能力去做——在感覺疲勞之前休息，然後你每天可以多清醒一個小時。（《人性的優點》）

如何克服精神疲勞

精神病專家認為，我們的疲勞多半是由精神和情感引起的。英國最著名的精神病專家海德菲在他的《權力心理學》一書中說：「我們所感受到的絕大部分疲勞都是源自心理。事實上，純粹由生理導致的疲勞很少。」（《人性

的優點》）

　　人受心理因素的影響而產生的疲勞，通常要比體力勞動引起的多，這已經是人所皆知的事實。（《人性的優點》）

　　困難工作本身，很少會造成充分休息之後不能消除的疲勞……祇有憂慮、緊張、情緒不安，才是導致疲勞的三大因素。（《人性的優點》）

　　下面五項建議可以幫你學會放鬆：

　　第一，讀一本關於放鬆方面的最好著作；

　　第二，隨時放鬆，使你的身體像舊襪子般柔軟。

　　第三，工作時采取舒適的姿勢。記住，身體的緊張會導致肩膀疼痛和精神疲勞。

　　第四，每天自我檢討四五次，問問自己：「我是否使我的工作比實際上更困難？我是否使用了和工作毫無關係的肌肉？」這些都有助於你培養放鬆的習慣。

　　第五，每天晚上再檢討一次，問問自己：「我有多疲勞？如果我疲勞了，不是我過分操心的緣故，而是因為方法不對。」（《人性的優點》）

傾訴是緩解憂慮的良方

把快樂與人分享，快樂便增加一半；把煩惱與人訴說，煩惱便減少一半。生活中，我們需要互相扶助，共同擔當。

醫學課程班的醫藥顧問羅絲・海芬婷醫生說：「減輕憂慮的最好藥劑，就是跟你信任的人談論你自己的問題，我們稱之為淨化作用。」

她繼續說道：「一個人如果把憂慮憋在心裡，不告訴任何人，那就會造成精神緊張。我們都應該讓別人來分擔自己的問題，同時，我們也應該去分擔別人的憂慮。我們必須感到，在這個世界上有人願意傾聽我們談話，也願意瞭解我們。」（《人性的優點》）

放鬆可避免緊張和疲勞

家庭婦女如何消除煩惱呢？

第一，準備一個「靈感」剪貼本，你可以在上面貼上自己喜歡的、令人鼓舞的詩句或名人名言。當你感到精神頹廢時，那就翻開這個本子，也許可以找到治療的藥方。

第二，不要為別人的缺點太過操心。

第三，對你的鄰居要有興趣，對那些和你共同生活在

一條街上的人，要有友善而健康的興趣。

第四，每天晚上上床睡覺前，先安排好明天的工作。

第五，避免緊張和疲勞的唯一方法，就是放鬆。

（《人性的優點》）

不要為失眠而憂慮

下面四條規則，可以讓你不為失眠癥而憂慮：

第一，如果睡不著的話，就起來工作或看書，直到打瞌睡為止。從來沒有人會因為缺乏睡眠而死，因擔心失眠而憂慮，通常對你的傷害比失眠更厲害。

第二，試著祈禱，或者像珍妮‧麥克唐納（著名女高音、電影明星）一樣誦讀詩篇的第二十三篇。要想安穩地睡一個晚上的第一個必要條件，就是要有一種安全感。我們必須感到有一種比我們強大得多的力量，它可以一直照顧我們到天亮。

第三，放鬆全身，看看《消除神經緊張》這本書。

第四，多做運動，或做一些體力勞動，直至你累得酣然入睡。（《人性的優點》）

第二篇

人生哲理

生活缺乏的不是知識，而是行動

我們已經足以知道如何過上美好生活。我們都讀過《黃金法則》（收錄了拿破侖·希爾在1919年至1923年間撰寫的部分文章）和耶穌的《山上寶訓》（亦作「山上聖訓」，指《聖經·馬太福音》第五章至第七章中耶穌基督在山上說的話）。我們的困難不是無知，而是不去行動。（《人性的優點》）

如果理論被束之高閣，那麼理論祇是空洞的知識罷了。要在實踐中檢驗你的理念，實踐是最好的老師。

思想的貧窮才是真正的貧窮

並不是每一個人都生於富貴之家，也並不是每個人生來就衣食無憂。與其抱怨我們的出身，不如改變我們的出身。須知，很多偉大的成功人士都是從貧窮的境遇中發展起來的。

貧窮就像健身房裡的運動器械，可以鍛煉人，使人體格強健。其實，貧窮是我們努力奮鬥最有利的出發點。（《人性的優點》）

貧窮不是因為我們的起點低，也不是因為我們擁有的太少，而是因為我們不夠努力。

世間大部分的貧困都是由懶惰造成的，都是由奢侈、

浪費、不願努力、不肯奮鬥造成的。（《人性的優點》）

沒有人天生就是乞丐，那些自認卑賤的人，永遠不能挺直自己的脊樑。

貧窮本身並不可怕，可怕的是貧窮的思想，以及認定自己生於貧窮也必老死於貧窮的錯誤觀念。如果你覺得目前自己前途渺茫，覺得周圍的一切都是黑暗而慘淡的，那麼你要迅速地斬除一切貧賤的思想、懷疑的思想，忘卻腦海中一世暗淡、憂鬱的印象，而代之以光明的、有希望的和快樂的印象。（《人性的優點》）

以積極自信的心態看待貧窮，以艱苦努力的行動克服貧窮，那麼貧窮還會來找你嗎？

人要自信

一個人，不能自負，也不能自卑，他應該根據自己才能的大小，來判斷自己、衡量自己，並具有對這種能力的確信。

與金錢、勢力、出身和親友相比，自信是更有力量的東西，是人們從事任何事業都最可靠的資本。（《人性的優點》）

一個人的成就，決不能超過他自信所能達到的高度。

（《人性的優點》）

　　人生最大的損失，除了喪失人格之外，就要數失去自信心了。當一個人缺乏自信心時，任何事情都不會成功，正如沒有脊椎骨的人是永遠站不起來的。（《人性的優點》）

　　想要獲得成功，無論如何都要從心靈上，從言行上，從態度上拿出自信心。（《人性的優點》）

　　自信，是確保成功的一把鑰匙。

自信可以激發潛能

　　人具有無限的潛能，即使如愛因斯坦那麼傑出的科學家，其大腦的潛能仍未能完全開發。我們切勿自我貶低，我們之所以沒有表現出天才般的智慧，那是因為我們沒有開發自己。自信，可以打開我們蘊含在自身中的寶藏。

　　一個人如果不親自試驗，那就永遠不會知道自己的身體裡究竟潛藏著多少才能和力量。造物主給予我們鉅大的力量，鼓舞我們從事偉大的事業。這種力量是潛藏在我們腦海裡的，它能使每個人都具有宏韜偉略。（《人性的優點》）

　　一個人的潛能就像蒸汽，其形其勢無拘無束，誰也無

法用固定形狀的瓶子來盛裝它，而要充分發揮這種潛能，就必須要有堅強的自信心。（《人性的優點》）

精神支持是最大的動力

物質的幫助是必要的，但精神的支持更不可少。對於朋友，我們應該給予感情的支持，這比物質的扶助更能給朋友以動力。

外界的扶助，有時或許是一種幸福，但更多的時候情況恰恰相反。供給你金錢的人，其實並不是你最好的朋友，而祇有鼓勵你自立自助的人，才是你真正的好友。（《人性的優點》）

內心是幸福的源泉

幸福不僅僅取決於外在物質的富足，還取決於內心的平靜寧和。

世界上每一個人都在追求幸福，而獲得幸福祇有一個可靠的方法，那就是控制你的思想。幸福並不取決於外界的因素，而是取決於內心的狀態。

因此，不論你擁有什麼，也不論你是誰，在何處，

或者你在做什麼事，決定你是否幸福的關鍵，在於你怎麼想。（《人性的優點》）

讓內心充滿陽光

　　讓我們細讀隨筆作家、出版家艾伯·赫巴德所說的睿智的忠告吧！但請不要忘記，除非你把它付諸實踐，否則光是閱讀對你毫無益處。

　　「你每次出去的時候，都應該收縮下巴，抬高頭頂，挺起胸膛深呼吸；在陽光中沐浴，以微笑來招呼每一個人，每次握手的時候，你都應該使出力氣。不要怕被誤會，不要將時間浪費在你的仇敵上。在心中明確你喜歡做什麼之後，堅持不懈，勇往直前，集中精力大展宏圖。日後，在時光流逝中，你會發覺你在不知不覺中抓住了機會，實現了願望，正如珊瑚蟲由潮水中吸取所需要的營養一樣。在腦海中想象你希望成為的那個有能力、誠懇而有作為的人，這種想象會長期地影響著你，每時每刻改造你，將你改造成為自己所希望的那種人。思想是至高無上的。必須保持一個正確的人生觀，一種勇敢、誠實以及愉悅的態度。正確的思想本身就是一種創造。一切都來源於希望，每次真誠的祈禱都會有所應驗。我們的內心希望自

己成為什麼，我們就會變成什麼。請收縮你的下巴，抬高你的頭，我們就會破繭而出。」（《人性的優點》）

沐浴在陽光中，讓我們的內心充滿陽光。

敢於堅持自己的信念

一個人要敢於堅持自己的信念，不能因為別人的議論而改變自己的原則。布魯諾（1548-1600，意大利思想家、自然科學家，因捍衛哥白尼的「太陽中心說」而被燒死在羅馬鮮花廣場）被火燒死，伽利略遭受宗教裁判所的迫害，但是，他們的理念和信仰卻成為後人寶貴的精神財富。

一個立足於誠實、公道以及正義原則的人，即使全世界的人都在反對他，他也能屹立世界而絕不動搖。（《人性的優點》）

堅持自我會產生強大的力量

不盲從一般人的思想，並不是一件輕鬆容易的事，它往往會給人帶來不愉快，甚至是生命危險。正因為如此，大多數人寧願緊緊地跟在大眾後面，由大眾保護著，接受大眾的指引，從不懷疑抗爭。然而，殊不知這種安全感實

在是自欺欺人，因為最容易受到傷害的恰恰是那些追隨大眾而毫無主見的人。（《成熟的人生》）

能夠安排自己的人生、具有使命感的人，不需要別人來提醒在必要時堅持立場，以及與全人類抗爭的重大意義，相反，他一定狂熱地全力以赴，而不做其他的選擇。因為在他的內心當中，有一股強大的力量在鼓舞他，使他能夠排除所有的障礙，勇往直前。（《成熟的人生》）

忍耐力便是持之以恒

當「智慧」失敗，「天才」無能為力，「機智」和「技巧」說不可能，其他的各種能力都束手無策、宣告絕望時，「忍耐力」便會來臨，幫助人們取得勝利、獲得成功。（《人性的優點》）

人人都停下來不再去做的時候，祇有富於忍耐力的人才堅持去做；當人人都因感到絕望而放棄信仰的時候，祇有富於忍耐力的人才會堅持，繼續作自己意見的辯護者。

所以，具有這種卓越品質的人，最終都會獲得很大的收益以及良好的聲譽。（《人性的優點》）

選擇正確的思想

我們必須面對的最大問題就是如何選擇正確的思想——

事實上這幾乎是我們必須應對的唯一問題。如果我們能夠做到這一點，就可以解決一切問題。（《快樂的人生》）

不錯，如果我們想的都是快樂的東西，我們就會快樂；如果我們想的都是悲傷的事，我們就會悲傷；如果我們想的是恐怖的事，那麼我們就會恐懼；如果我們有不好的念頭，那麼我們就得不到安寧；如果我們想的是失敗，那麼我們必將失敗；如果我們沉浸在自我哀憐之中，別人也會故意躲開我們。（《快樂的人生》）

心境是快樂的根本

我深信，我們內心的平靜和我們從生活中所得到的快樂，並不取決於我們在哪裡或我們有什麼，或我們是誰，而祇取決於我們的心境，外在條件並沒有多大的影響。（《快樂的人生》）

快樂的思想，快樂的行為

《創世紀》中說，最大權利是讓人統治整個世界。卡耐基說：

這是一份貴重的禮物，可是我對這種特權沒有什麼興趣。我所希望的祇是控制我自己——控制我的思想，控制我的恐懼，控制我的內心和精神。更神奇的是，我知道我在這方面可以達到相當高的程度。不論何時，祇要我控制自己的行為，就能控制我的反應。（《快樂的人生》）

所以，讓我們記住威廉·詹姆斯（美國第一位哲學家、心理學家）的話：「通常祇要把內心感覺由恐怖變成奮鬥，就可以把我們所謂的大部分邪惡轉變成有益的東西。」

讓我們為自己的快樂而奮鬥吧！

如果我們想培養平安和快樂的心境，請記住：有了快樂的思想和行為，你就會感受到快樂。（《快樂的人生》）

報復的代價很高

當我們痛恨我們的敵人時，就等於給了他們取勝的力量。這種力量會影響我們的睡眠、我們的食欲、我們的血壓、我們的健康和我們的快樂。如果我們的敵人知道他

們如何讓我們憂慮，讓我們煩惱，讓我們一心祇想報復的話，他們一定會高興得手舞足蹈。我們的恨意完全傷害不到他們，可是卻使我們的生活變成了地獄。（《快樂的人生》）

在紐約警察局的布告欄上，有這樣一段話：「如果有一個自私的人占了你的便宜，那就把他從你的朋友名單上除去，但千萬別想著去報復。一旦你心存報復，那對你自己的傷害絕對要比對別人大得多。」（《快樂的人生》）

即使我們沒有辦法愛我們的敵人，但起碼應該多愛自己一點。我們不應該讓敵人控制我們的心情、健康以及容貌。（《快樂的人生》）

莎士比亞曾經說過：「仇恨的怒火，將燒傷我們自己。」

如何克服仇恨

要想真正地寬恕並忘卻我們的敵人，最有效的辦法就是把我們的精力轉移到更崇高的目標上去。（《快樂的人生》）

十九世紀時，愛匹克泰德就曾指出，我們收成的就是我們所栽種的，命運總不放過我們為自己的罪行付出代

價。（《快樂的人生》）

　　所以，如要培養內心的平安與快樂，請記住：

　　讓我們像艾森豪威爾將軍那樣去做：不要把時間浪費在那些我們不喜歡的人身上。（《快樂的人生》）

沒有人能傷害我們

　　如果內心是堅強的，外在的打擊又算什麼？海明威在《老人與海》中說：「你儘可以消滅我，但你就是不能打敗我。」

　　所以，祇要我們足夠堅強，就沒有人能打敗我們。

　　沒有任何人能夠侮辱我們或困擾我們，除非我們自己允許。

　　棍棒石頭可以打斷我的骨頭，但語言卻休想傷我分毫。（《快樂的人生》）

對人施恩勿望回報

　　希望別人感恩的人，常常犯一般人共有的毛病，可以說完全不瞭解人性。

　　人類的天性是容易忘記感恩，所以我們施恩於人而期

望回報的話，那我們一定會十分頭痛。

如果我們想獲得快樂，就不要想感恩或忘恩，而祇享受施恩的快樂。

要避免因為不知感恩而引起的傷心和憂慮，你應該：

一、不要因為別人的忘恩負義而憂傷，忘掉它。記住，耶穌一天之內治好了十個麻瘋病人，而祇有一個人感謝他。為什麼我們希望得到比耶穌更多的感恩呢？

二、要記住，獲得快樂的唯一方法是施恩於人勿望回報，而祇為施恩的快樂。

三、感恩是教育的結果。如果我們希望我們的子女懂得感恩，我們就必須培養他們學會感恩。（《快樂的人生》）

珍惜所擁有的

我正在因為自己沒有鞋子而難過，突然遇到一個沒有雙腳的人，我的難過頓時消失了。（《快樂的人生》）

盤算你所擁有的資產，你會發現，即使給你全世界所有的財富，你也不會出讓自己現在所擁有的這些。

叔本華說：「我們很少想到自己所擁有的，而總是想著自己所缺失的。這是世界上最令人不幸的事，它帶給我

們的災難恐怕比所有的戰爭或疾病還要嚴重。」（《快樂的人生》）

你和我都應該感到慚愧。這麼多年來，我們一直都生活在一個美麗的童話世界中，可是我們卻視而不見，不知道珍惜享受。

想要保持平安快樂，那就盤算一下你所得到的恩惠吧！（《快樂的人生》）

其實我們並不貧窮，我們擁有很多：親情、友情、家庭、事業，如果給你一百萬，你願意賣盡它們嗎？

保持自我本色

很多在精神、心理方面的問題，其潛藏的病因往往是他們不能保持自我。（《快樂的人生》）

保羅‧伯恩頓，一家石油公司的人事主任。我問他，求職者所犯的最大錯誤是什麼？

他說：「求職者所犯的最大錯誤，就是不能保持自我。他們常常不能坦白地回答問題，而祇想說出自己認為你想要聽的答案。」可是這種做法毫無用處，因為沒人想要一個偽君子，也從來沒有人願意收假幣。（《快樂的人生》）

人不能偽裝著走完一生。女人晚上休息的時候也要卸妝，所以，做真實的你，才是輕鬆而幸福的。

我們的自身有待開發

威廉·詹姆斯說過：「一般人的心智能力使用率不超過百分之十，而大部分人還不太瞭解自己有些什麼才能。與我們應該取得的成就相比，其實還有一半以上是未喚醒的。我們祇運用了身心資源很小的一部分。人，往往活在自己所設定的限制中，我們擁有各式各樣的資源，卻常常不能成功地運用它們。」

既然你我都有這麼多未加開發的潛能，那又何必擔心自己不如他人呢！你是這個世界上的新東西，以前從未有過，從開天辟地以來，從未有過跟你一樣的人；而且將來直到永遠，也不可能再出現和你完全一樣的人。……事實上，人類生命的形成真的是一種令人敬畏的奧妙。（《快樂的人生》）

在這個世界上，你是一個嶄新的自我，為此而歡呼吧！

善用你的天賦，歸根究底，所有的藝術都是一種自我的體現。你祇能唱你自己的歌，畫你自己的畫。你的經

驗，你的環境，已經遺傳並造就了你。不管好壞，你祇有好好地營建自己的小花園；不論好壞，你祇能在生命的管弦中演奏屬於自己的樂器。（《快樂的人生》）

從損失中獲利

當一個傻子發現人生祇給他一個檸檬的時候，他就會自暴自棄地說：「我完了。這就是命。我沒有任何機會。」然後他就開始詛咒這個世界，沉溺在自憐之中。而聰明人拿到一個檸檬，會說：「我可以從這個不幸中學到什麼？我怎麼才能改善處境？怎樣把這個檸檬做成一杯檸檬汁？」

《十二個以人勝天的人》一書的作者、已故的威廉·波里索曾這樣說過：「生命中最重要的，就是不要以你的收入為資本。任何傻子都會這樣做。真正重要的，是要從你的損失中去獲利。這就需要聰明才智，這正是聰明人和傻子的區別。」

我越研究那些有成就的人，就越深刻地相信他們中之所以有許多人成功，就是因為他們在剛開始的時候有一些缺陷，從而促使他們加倍努力，獲得更多的回報。（《快樂的人生》）

變負為正，變賠為賺

即使我們頹廢到了極點，覺得根本不可能把檸檬做成檸檬汁，那麼，下面則是我們應該試一試的兩條理由——這兩條理由可以告訴我們，為什麼我們祇會賺而不會賠。

第一條理由：我們可能成功。

第二條理由：即使我們不能成功，但祇要我們試著變負為正，就會使我們朝前看，而不會朝後看，它將會用肯定的思想來替代否定的思想，激發你的創造力，讓我們忙得根本沒有時間、也沒有興趣去為那些已經過去和已經完成的事情擔心。（《快樂的人生》）

從逆境中看到希望

每個逆境中都含有成功的種子，我們要善於從逆境中看到轉機。同一個事物，用不同的眼光、從不同的側面，會看到不一樣的景象。

兩個人從監獄的鐵窗向外看，一個祇看見爛泥，另一個卻看到滿天星斗。（《快樂的人生》）

堅韌是克服一切的良方

在世界上，沒有任何東西可以替代堅韌，教育不能替代，父輩的遺產和有力者的垂青不能替代，命運更不能替代。

以堅韌為資本而終獲成功的人，比以金錢為資本獲得成功的人要多得多。人類歷史上全部成功者的故事都足以說明：堅韌是克服貧窮的最好藥方。（《人性的弱點》）

堅韌勇敢，是偉大人物的特徵。沒有堅韌勇敢品質的人，不敢抓住機會，不敢冒險，一遇困難，便會自動退縮，一旦獲得小小的成就，就會心滿意足。（《人性的弱點》）

最後的成功才是成功

我們開始做一件事情的時候，總是信心十足，而隨著時間的消磨，做事的激情便慢慢消失，所謂「虎頭蛇尾」便是這種情形。

任何事情往往都是開頭容易而完成難，所以要估計一個人才能的高低，不能看他現今所做事情的多少，而要看他最終完成的成就有多少。（《人性的弱點》）

坦然面對做過的傻事

在我的私人檔案櫃裡有一卷宗夾，上面寫著「我做過的傻事」。我把自己做過的所有傻事都記下來，存在這個夾子裡。

每當我拿出「我做過的傻事」卷宗，重讀我對自己的批評時，它們都能幫我解決我所面臨的最困難的問題，即如何控制自我。

我以前常常把責任推給別人，可是隨著年歲增長，我發現我所有的不幸幾乎都應該怪我自己。很多人在年紀大了以後都會發現這一點。「除了我自己，」拿破崙在被放逐的時候說，「除了我之外，沒有任何人應該為我的失敗承擔責任。我是我自己最大的敵人——也是我不幸命運的根源。」（《快樂的人生》）

走向成熟

我們每個人都在自欺欺人，近乎稚氣地不肯長大、不願意成人，而這肯定會失去成熟給我們所帶來的豐厚回報。

「年輕」固然有其吸引力，但它畢竟祇是成年的準備期，祇是人生的一個過渡階段。企圖永遠活在年輕的階

段，而主觀地拒絕成年的到來，實際上就是在逃避責任、逃避人生。

相反，希望有所成就並展現自己的能力，這都是渴望成熟的體現。成熟，就需要不斷地成長，而一旦停止成長，可怕的衰老就會隨之而來。「變老」與「成長」是相對的。通過不斷地學習、發展、奉獻、創造或享受人生，我們就能不斷地成熟；無論我們的具體年齡是多少，祇要我們積極向上，我們就不會衰老。（《成熟的人生》）

所以不要害怕青春易逝，要知道，你正在走向成熟。

讓前半生為後半生作準備

如果我們能驅除心中的恐懼，將全部精力用於培育心靈成長和精神成熟上，那麼即使我們的身體日漸衰老，我們也能讓心靈永遠保持年輕的狀態。（《成熟的人生》）

人到了老年，不但不會削弱其原來具備的各項能力，反而會重新獲得年輕時夢寐以求的創造力和成熟的人格。如果我們能把獲得成熟作為目標，就能真正體會到我們的晚年就像羅伯特・布朗寧（1812-1889，英國詩人、劇作家）所說的：「前半生是為後半生做準備的。」（《成熟的人生》）

享受老年的樂趣

他們沉醉於生活忙碌的樂趣，無暇考慮死亡。他們展望未來，認為生命還有幾十年的光景在等待著他們。（《成熟的人生》）

毋庸置疑，對於我們的人生來說，老年時期的確是人生最豐富多彩的時期：它既是我們享受經驗、智慧、積累成熟的豐收期，也是我們享受由於早年的奮鬥和壓力而失去的某些生活的時期──簡而言之，它是我們享受成熟回報的時期。（《成熟的人生》）

勇於承擔責任

成熟的第一步，是要勇於承擔責任。我們都已經脫離了將自己的跌倒遷怒到椅子的孩童階段，我們應該直面人生，自己對自己負責。

不成熟的人，總能為自己的缺點和不幸找到各種理由──沒錯，這些理由仍然是他們自身之外的理由──例如，他們的童年很悲慘；他們的父母太過貧窮或太富有；他們的父母對他們的管教太過嚴厲或過於放縱……總之，她（或他）們會埋怨丈夫（或妻子）不瞭解她（他）們，認為命運之神和自己過不去，總是讓自己缺少好運氣，仿

佛整個世界都在與自己為敵。其實，她（或他）們是在為自己的過錯尋找替罪羊，而不是去想方設法克服困難。（《成熟的人生》）

絕不尋找任何藉口

在英國歷史上，都德王朝（即都鐸王朝，1485-1603，歷時118年，經歷五代君主）的王子都有自己的「替罪男孩」。這是因為王子不能受懲罰挨打，所以不論幼年的王子多麼調皮，當他因為調皮而必須接受懲罰時，就祇能花錢雇一個小孩，來替王子受罰挨打……儘管「王子的替罪羊」這個傳統早已消亡，但是那些不成熟的人仍然具有尋找「替罪羊」的本能衝動。如果找不到合適的人，便遷怒於他人，或者講現代生活不穩定、社會不安全，或者說這個世界太混亂——總之，他們會給自己找到各種合適的藉口。（《成熟的人生》）

因此，一個渴望成熟的人一定要切記：對自己的行為負責，要勇於承擔責任，絕不尋找任何藉口！

面對困難無所畏懼

這個世界上有很多遭遇困難，卻仍然值得我們欽佩的偉大人物：文學家拜倫是個跛腳；政治家朱利阿斯・愷撒患有癲癇癥；作曲家貝多芬耳朵後天失聰；軍事家拿破侖身材矮小；音樂家莫扎特為哮喘病所苦；政治家富蘭克林・羅斯福患有小兒麻痹癥；社會活動家兼作家海倫・凱勒在聾盲中度過一生。（《成熟的人生》）

成熟的人，祇會想到如何去排除困難，從不會把困難作為自己失敗的藉口。（《成熟的人生》）

其實，如果刻意去找的話，我們每個人都會找到各種值得抱怨的「困難」……與我們的鄰居相比，如果我們祇有一條腿而他有兩條；如果我們比他更窮或比他更有錢；如果我們肥胖、瘦弱、美麗、醜陋、金髮、黑髮、內向或外向……祇要我們想給自己製造障礙，祇需找出我們和別人之間的任何一點不同之處，就可以如願以償了。

那些不成熟的人，願意把自己和別人的不同之處當做障礙，渴望別人對自己特別加以考慮。相反，那些成熟的人，能認清自己不同於他人的特徵，或者改進自己的不足，以求進步。（《成熟的人生》）

直面生活中的不幸

　　有時，我們的生活被割裂得七零八落，也祇有時間才能將它縫合，但前提是我們必須給自己時間。當悲劇剛剛降臨，世界仿佛也停滯不前了，我們的悲痛將會一直持續下去。但是，我們一定要克服悲哀，繼續上路。祇要回憶那些快樂的往事，我們就會感到幸福終將會到來，取代我們內心的悲痛。因此，我們應該在心中停止悲傷和怨恨，勇於接受無法逃避的不幸事實，時間自然會幫助我們擺脫這些不幸。（《成熟的人生》）

　　人生的旅程並不是幸福歡樂綿延不斷的，它既有光明也有黑暗，既有高峰也有低谷，既有陽光也有陰影。煩惱可不會因為我們扯上被子蒙住雙眼、拒絕面對它而放過我們，它是我們人生的一部分。我們成熟與否，和我們對待煩惱、不幸的態度有密切的關係。不成熟的人有一個共同的弱點，那就是在出了差錯之後便退卻下來，躲在營帳中獨自生悶氣，就像荷馬史詩中的希臘英雄阿喀琉斯一樣。驕縱的孩子在做遊戲時，如果知道自己贏不了時就不會再玩了；而成熟的人即使在形勢非常不利的情況下，仍然頑強堅持，繼續努力。（《成熟的人生》）

　　或許有人會這樣問：「為什麼這種不幸的事會發生在我身上呢？」

我想他祇能得到一種回答：「為什麼就不能呢？」

因為上天不會偏愛任何人，祇要是人，就免不了經歷各種痛苦和歡樂。生活就是要教會我們明白，在「痛苦」這個民主國度中，每個人都是平等的。當悲傷、死亡、煩惱和不幸降臨時，國王和乞丐、詩人和農民，他們所經歷的都是相同的折磨。一些年輕人和那些雖然不年輕但卻仍舊不成熟的人，往往祇會怨恨和憤懣，他們不會明白，悲劇的產生就像人的出生、死亡以及繳稅一樣，都是生活中不可或缺的一部分。（《成熟的人生》）

堅定的信念是行動的基礎

我們的信念是否起作用，關鍵在於我們如何去做事。基督耶穌說：「觀其果而知其因。」重要的是我們如何去做。如果我們不采取行動的話，即使再深刻的哲理對於我們都不會起作用，我們的生活將處處充滿虛偽，不再真實。如果我們擁有堅定的信念，就必須堅定信念，做好每一件事。（《成熟的人生》）

積極行動是成功的基礎

行動能力的強弱，是人的心靈走向成熟的一個標誌。（《成熟的人生》）

一個人在必要的時候，必須擁有行動的能力，而做決定和執行決定則是走向成熟的重要一環。當然，我們還要學會從不同的角度分析和研究問題，這樣我們才能采取正確的行動。

許多人由於害怕承擔做決定和執行決定的責任，所以他們情願逃避因為出現差錯而受責怪的恐懼，也不願意爭取獲得成功的希望。因此之故，他們總是儘可能不去做那些需要肩負責任的工作，如果必須做出決策，他們就會覺得自己處於擔憂、恐慌和遲疑的無底深淵。然後，對於必要的行動，如果采取拖延做法的話，祇會在內心引起衝突和迷亂，直至身心崩潰，從而造成自己一直擔心的嚴重後果。要想克服這種心理，就必須強迫自己去做害怕做而不敢做的事。一個人在年輕時能有這樣的經歷，將是幸運的。（《成熟的人生》）

要為夢想付出汗水

整天在床上做著美夢，是永遠看不到理想變成現實的。我們總是耽於幻象，缺乏行動，要知道，「一分辛苦一分才」，沒有付出，就不會得到。

在夢想的天堂裡，永遠祇有榮耀，而沒有榮耀背後的付出。（《成熟的人生》）

為未來做好準備

機會總是偏愛有準備的人，聰明的人要時刻努力地準備著。

沒有人知道未來會是什麼樣子，但是聰明的人會做好準備，等待機會的來臨。（《寫給女性的忠告》）

播散幸福的種子

種瓜得瓜，種豆得豆，要想鮮花滿園就要播撒花種。

請你牢記：你將來的幸福和困苦，都將取決於你撒下的種子。等到將來，當你走進倉庫，看見的是滿倉的糧食還是無用的雜草，是光榮的成功還是淒慘的失敗，這都要看你現在是怎樣做的。（《美好的人生》）

如何認識自己

一個人，常常被約束於習慣中、社會中、團體中，甚至是自我的心結中。

祇有認識你自己，才能活出你自己。因此，認識自我是第一步。

1.每天抽出時間和自己獨處。

《聖經》裡有一句忠言：「要安靜，便可知道我就是神。」獨處能使我們更客觀地透視自己的生命，對我們的心靈活動也十分有益，就像新鮮空氣對我們的身體極有幫助一樣。

2.掙脫習慣的枷鎖，走向社會。

我們都將自己活埋在層層習慣和無聊事物的枷鎖之中，祇有用極大的努力才能讓我們掙脫出來。有多少人是在習慣和惰性的枷鎖下，沉悶地、乏味地、毫無生氣地度過呢？

3.找出生活中最能讓我們感興趣的東西。

興趣能讓真正的自我浮現，使我們「對人生滿意」，讓每個人的精神都感到振奮。（《成熟的人生》）

營建自己的價值體係

我們既不能用我們的心意去猜度別人，亦不可用別人的尺子來丈量自己。我們要為自己營建一個審判自己的法庭。

自我認同的第一步是不需要用別人的標準來評判自己，必須建立起屬於自己的一套價值觀念，以此作為生活依據。除此以外，還必須學會如何與自己相處，對自己不需要常常批判。（《成熟的人生》）

一個人，在社會生活中，如何處理事情、如何為人處世，都需要在自己的內心深處有一把衡量是非的尺子，有了這把尺子，才能以不變應萬變，臨危不亂，遊刃有餘。

愛人如己

別人和我們一樣，共同分享了人類的天性。別人有的缺點，我們未必沒有，別人有的優點，我們未必有。每個人都不是完美的，喜歡自己就要喜歡別人。

喜歡自己是否與喜歡別人一樣重要呢？我們可以這麼說：憎惡所有事情或所有人的人，祇是在顯示他們自己的沮喪和自我厭惡。（《成熟的人生》）

人，首先自愛，才會愛別人；人，祇有愛別人，才能

得到別人的愛。愛人如己，別人才會愛你如己。

永遠不要做順從主義者

愛默生說：「想要做人，就永遠不要做一個順從主義者……我之所以犯下無數的錯誤，都是因為我放棄了自己的立場，而從別人的視角來看待事物所致。」

我們可以試著將愛默生這句話的意義進行延伸：「可以從別人的視角來看待事物，但是一定要從你自己的視角出發去做事。」（《成熟的人生》）

自己做自己的專家

從前的人為了生存，完全依靠自己的判斷進行決策。

……幾乎生活中所有的問題都需要他們自己來解決，事實上他們也解決得非常好。可是現在呢？在我們生活的這個時代，因為有了專家的存在，所以我們已經習慣於任何事情都去聽取這些權威的意見，結果我們逐漸失去了獨立發表意見或建立信念的信心，而那些專家似乎也習慣了這一切。這種結果，其實正是我們拱手相讓導致的。

……人們敢於承認自己就是世界上最權威專家的時代

已經成為歷史了。（《成熟的人生》）

學習是走向成熟的良方

對於一個成熟的人來說，學習是一種快樂，任何年齡的人都可以體驗到這種快樂。

教育不應該被局限在校園之內。哈佛大學原任校長勞倫斯‧羅維爾博士曾說過：「大學教育或教育培訓制度所能教給我們的，祇是如何幫助自己。我們必須學會自己教育自己。教育是一個貫穿於成長之中的整體過程，是一種心靈所需的自發運動，還是一個擴充心靈、促進其發展的過程。」（《成熟的人生》）

善於發掘人性中善良的本質

在這個世界上到處都有好人。當然，騙子、惡棍、盜賊、流氓也會隱藏在人群當中，我們在人生的道路上也難免會遇到這類人。這就像有燕子飛來並不代表春天已經到來一樣，即使偶爾遭遇一兩個壞人，也並不代表全世界的人都是壞人。（《成熟的人生》）

任何一個小孩子都能告訴你人性中的醜陋面，例如自

私、愚蠢、貪婪和自負。祇有具備了成熟的洞察力，才能感知人類善良的本性，才能發掘人性中所蘊含的鉅大資源和潛能。（《成熟的人生》）

知識與智慧盡在書本中

　　幫助我們取得成就的知識和智慧全都在書本中，我們渴望學習和知道的東西，也都能從圖書館、書店或朋友的書架上找到；書本可以讓我們和世界上最偉大的心靈相溝通，能讓我們穿越時空，遨遊於心靈所創造出來的世界；浩瀚的知識海洋任由我們每個人盡情地遨遊，圖書館的大門也永遠對我們每個人敞開著。（《成熟的人生》）

第三篇

處世藝術

處世技巧的重要性

你所面臨的最大困難可能是如何與人打交道，尤其當你是一位商人時更是如此。當然，如果你是一位家庭主婦、建築師或工程師，同樣也是如此……調查表明，即使在工程技術工作方面，一個人所獲得的高薪薪水中，大概祇有百分之十五是因為他的技術知識，而大約百分之八十五則是因為他的為人處世技巧，也就是他的個人品質和領導才能。（《人性的弱點》）

由此可見為人處世的重要性，因為一個人能否成功，85％取決於他的為人處世技巧。

友誼需要自己先伸出手

贈人玫瑰，手有餘香，祇有付出，才會得到。

許多人之所以會寂寞孤獨，就是因為他們不瞭解愛和友誼並非是從天而降的禮物。一個人要想受到他人的歡迎並被人接納，一定要付出許多的努力和代價。如果想要別人喜歡你，那需要盡點心力。情愛、友誼或快樂的時光，都不是一張契約所能規定的。（《人性的優點》）

你要自己去贏取別人對你的需求和喜愛。（《人性的優點》）

因此，我們要以自身為光亮照亮別人、溫暖別人。對待朋友、對待鄰居，對待陌生人，都要敢於伸出友誼的溫暖雙手。

你當然需要與那些興趣相投的人交往，但前提是，你首先需要伸出自己的友誼之手。（《人性的優點》）

無論我們走到哪裡，一定要培養與人親密的情誼關係，就好像燃燒的煤油燈一樣，即使火焰很小，卻能產生出光亮和溫暖來。（《人性的優點》）

友愛是寒冬裡的炭火，贈人火源，才會溫暖整個心靈世界。

態度比能力更重要

一個人，態度和善可親，然而能力平平；另一個人，能力很強，卻對我們頤指氣使。我們更願意親近哪一個人？答案是不言而喻的。其實，擁有良好的態度，就是一項能力。

世界上有無數的人才能平平，卻靠著良好的態度，做到處世順利、事業有成。（《人性的優點》）

擁有優秀的品格和良好的態度的人，將來一定很容易獲得成功，而在成就大業的道路上，他良好的態度將成為

最大的資本。（《人性的優點》）

如果說社會關係是一部機器，那麼良好的態度就是這部機器中的潤滑油，當缺少潤滑油時，機器就一定會發出雜亂的噪音，令人躲避。（《人性的優點》）

不要輕易批評別人

世界著名的心理學家史京納用實驗證明，一個動物如果在學習方面表現良好就受到獎勵，要比學不好而受到斥責的動物學得快，而且能夠記住它所學的東西。進一步的研究還顯示，人類有同樣的情況。我們采取批評的方法，並不能讓別人產生永久性的改變，相反，祇會引起記恨。

批評是毫無用處的，它祇能使人采取守勢，並常常為自己的錯誤竭盡全力進行辯護。

批評是危險的，因為它常常會傷害一個人寶貴的自尊，傷害他的自重感，並激起他的反抗。

批評所引起的記恨，會削減員工、家人以及朋友的士氣和情感，同時所指責的事情也不會有任何改善。（《人性的弱點》））

……正如約翰遜博士所說的：「要知道，即使是上帝，如果還不到世界末日，他也不會輕易審判世人。」

為什麼你我都要批評別人呢？

所以，請記住為人處世的技巧：不要批評、指責和抱怨別人。（《人性的弱點》）

不要輕易議論別人

我們總是喜歡點評別人，而不喜歡被別人點評。當我們肆意議論別人的時候，我們是否想到「己所不欲，勿施於人」的道理呢？如果你不想被別人議論，那麼也請不要輕易議論別人。

林肯最喜歡引用的一句名言是「祇有你不議論別人，別人才不會議論你」。（《人性的弱點》）

真心誠意地讚賞他人

我們供養我們的孩子、朋友和雇員的生活，但我們對他們自尊心的關注卻少得可憐；我們為他們提供牛排、土豆，以增加他們的體力，但我們卻不知道給他們以讚賞的語言，而這恰恰是生活中的晨曲，將會永遠留存在人們的心靈深處。（《人性的弱點》）

總的來說，恭維的弊端多於益處。恭維是一種假

象，就如同假鈔一樣。如果你運用它，最終將招致厄運。（《人性的弱點》）

且看該如何區分讚賞和恭維：

一個是真誠的讚賞，另一個是虛偽的恭維。一個是出自內心的讚賞，另一個祇不過是口頭上的恭維。一個是沒有絲毫自私目的的讚賞，另一個是出自個人私利的恭維。一個將會得到天下人的欽佩讚賞，另一個祇會被天下人唾棄。（《人性的弱點》）

在現實生活中，我們常有95％的時間在考慮個人的事情。現在，如果我們暫且不想自己，而是去想想別人的優點，那麼我們就不會、也沒有必要刻意造出那些廉價而尚未出口的虛假恭維了。（《人性的弱點》）

我們先別忙著表述自己的功績和需要。讓我們先看看別人的優點，然後拋棄恭維，給他人以真摯誠懇的讚賞吧。

祇要你「誠於嘉許，寬於稱道」，人們便會視你的每一句話為珍寶，終身不忘，即使你自己早已經忘到九霄雲外了，但別人仍然會銘記在心。

所以，請記住待人處世的技巧：看到別人的優點，真心誠意地讚賞別人。（《人性的弱點》）

關注對方的需要

需要是一個人行動的動力。口渴，便會喝水；腹餓，便會尋找食物；內心有需求，便會努力做事。所以，關注別人的需要，才能引起別人的興趣，影響別人。

當然，你關心的祇是自己的需要，你對自己所需要的東西永遠都會感興趣，而別人對你所需要的東西卻並不感興趣。同你一樣，別人也祇會對自己的需要感興趣。

所以，世界上能夠影響他人的唯一方法，就是談論他人的需要，並告訴他應該如何去獲得它。（《人性的弱點》）

站在對方的立場看問題

站在對方的立場看問題，才能理解對方，才能顧及對方的想法和感受，才能贏得對方的好感。

在此，我要重復一句亨利・福特所說的忠言：「如果成功有什麼秘訣的話，那就是站在對方的立場來看待問題，如同用你自己的觀點看事情一樣，並要具備審時度勢的能力。」（《人性的弱點》）

幫助別人不求回報

做好事不求回報，才是真的善心；如果做好事的目的是為了讓別人報答你，那麼你的善心就轉化成利益心，好事也變成了壞事。

世界上到處都是那些充滿了貪求和欲望的人，所以那些少數不存私心為別人提供幫助的人，能夠大有收穫。他們幾乎遇不到競爭對手。（《人性的弱點》）

微笑使人快樂

如人臨水，你怎麼看水，水也怎麼看你。別人是你的一面鏡子，你以微笑待人，別人也以微笑回報你。

做一個微笑的人，微笑會使人明白：「我喜歡你，你使我快樂，我喜歡見到你。」（《人性的弱點》）

如果你希望別人看到你的時候很愉快，那你一定要記住：當你看見別人的時候，一定要心情愉悅。（《人性的弱點》）

面帶微笑，才能感染世界。

帶上你的微笑

許多年前，在紐約一家百貨商店的聖誕購物狂潮中，員工壓力很大，就為讀者貼了下面這份實用的哲學：

聖誕節的微笑

它無所耗費，但收獲卻很多。

它讓得到者獲益，而施捨者卻絲毫無損。

它出現在眨眼之間，但卻給人以永恒的記憶。

沒有人會富得不需要它，也沒有人雖窮卻不因它而致富。

它給家庭帶來快樂，在生意場上使人產生好感，又是朋友間的親熱問候。

它是疲倦者的港灣，沮喪者的曙光，悲傷者的太陽，又是大自然的良藥。

它買不到，求不來，借不到，偷不著，因為你將它送人之前，它對誰都沒有用。

而假如在聖誕節最後一分鐘的忙碌采購中，我們的售貨員也許因為太疲憊而不能給您微笑時，我們可以請您留下您的微笑嗎？

因為，那些沒有微笑的人更需要微笑。

所以，如果你想別人喜歡你，就別忘了帶上你的微笑。（《人性的弱點》）

牢記別人的名字

牢記別人的名字，可以凸顯別人在我們心目中的重要性，祇要我們花點精力和時間，別人的名字就會深深刻在我們的腦海中。這是我們取得別人信任和好感的一種有效手段。

記住一個人的姓名，並且能很容易就叫出來，對這個人而言是一種巧妙而有效的恭維。假若你忘了或記錯了某人的名字，那你將會處於極其不利的地位。（《人性的弱點》）

大多數人之所以不記得別人的姓名，祇是因為他們不想花時間和精力去用心記別人的姓名。他們總是為自己尋找各種藉口，例如說他們太忙了。（《人性的弱點》）

我們應該注意名字中包含的魔力，明白這正是對方所完全擁有的東西，而不是屬於別人的。名字使人們與他人有所區別，與眾不同。當我們記住某人的姓名後，我們傳遞給對方的信息就會非常重要了。從服務員到高級經理，如果記住了他們的名字，我們與之交往時就會收到奇效。

所以，你要讓別人喜歡你，請記住一定要：牢記別人的姓名。（《人性的弱點》）

學會傾聽

專心致志地傾聽別人正在和你講的話，這是最為重要的。（《人性的弱點》）

喜歡挑剔的人，甚至是最激烈的批評者，也常常會在一個具有忍耐心和同情心的傾聽者面前軟化。當怒火萬丈的尋釁者像一條毒蛇張嘴咬人時，傾聽者應當保持緘默，認真地傾聽。（《人性的弱點》）

所以，如果你希望自己成為一個善於談話的人，首先就要做一個善於傾聽的人。要想別人對你感興趣，首先你就要對別人感興趣。

做到這一點其實並不難，不妨問問別人一些他們喜歡回答的問題，鼓勵他們開口談，說說他們自己以及所取得的成就。

千萬不要忘記，那個正在與你交談的人，祇對自己的需要和自己的問題最感興趣，要比對你和你的問題勝過上百倍。

所以，如果要使別人喜歡你，那就做一個善於傾聽的人，鼓勵別人談論他們自己。（《人性的弱點》）

談論別人感興趣的問題

　　每個人都是先關注自己而後關注別人，因此，在交談中，先談論別人，而後把談話引導到雙方共同關注的話題，才會起到溝通交流的目的。

　　羅斯福和所有領袖人物一樣，深知通達對方內心思想的妙方，就是和對方談論他最感興趣的事。（《人性的弱點》）

　　如果你要別人喜歡你，請記住：瞭解對方的興趣，談論他人感興趣的話題。（《人性的弱點》）

發自內心地關心別人

　　如果一個人真的關心別人，那他在兩個月內所交到的朋友，要比一個總想使別人關心他的人，在兩年內所交的朋友還要多。（《人性的弱點》）

　　假如我們祇想讓別人注意自己，對自己感興趣，那麼我們永遠也不會有許多真摯而誠懇的朋友。朋友，真正的朋友，不是用這種方式得到的。（《人性的弱點》）

　　如果我們想要交朋友，那就應該去為別人效勞──去做那些需要花時間、精力和思考的事。（《人性的弱點》）

要對別人表示關心，這與其他人際關係一樣必須真誠。這不僅使得付出關心的人得到相應的回報，而且得到這種關心的人也會同樣有所收益。這是一條雙向大道，在這條路上的當事人都會受益匪淺。（《人性的弱點》）

　　如果你想讓別人喜歡你，或者培養真正的友情，或是既幫助別人又幫助自己，那麼就要牢記：真誠地關心別人。（《人性的弱點》）

讓別人感到重要

　　在人類行為中，有一條至關重要的法則，如果我們遵守它，就會萬事如意；實際上，如果我們遵守這條法則，將會得到無數朋友和無窮無盡的快樂。可是，如果我們違背這條法則，就會招致數不清的挫折。這條法則就是：永遠使對方獲得自重感。（《人性的弱點》）

　　你希望周圍的人贊同你，希望自己的價值得到認同，希望在你的小圈子裡得到重視；你不願意聽到不值錢的卑賤的諂媚，但渴望得到真誠的讚美。你希望你的朋友和同事都能像施瓦伯（查理斯‧施瓦伯，美國歷史上第一個年薪百萬美元的打工者）所說的「誠於嘉許，寬於稱道」——我們都希望這樣。

那麼，就讓我們遵守這條黃金法則：你希望別人怎麼待你，就先怎樣待別人。

怎麼做？什麼時候做？在什麼地方做？答案是：隨時隨地去做。（《人性的弱點》）

如果你想讓別人喜歡你，那麼請牢記：讓別人感到自己重要——並真誠地照此去做。（《人性的弱點》）

激發自己的潛能

我們大多數人的體內都潛伏著鉅大的才能，但這種潛能酣睡著，一旦被激發，便能做出驚人的事業。（《人性的弱點》）

倘若你和一般的失敗者面談，你會發現：他們失敗的原因，是因為他們無法獲得良好的環境，他們從來都不曾走入足以激發人、鼓勵人的環境中，他們的潛能從來不曾被激發，他們沒有力量從不良的環境中奮起振作。

人的一生中，無論在什麼情形下，你都要不惜一切代價，走進可能激發你潛能的氣氛中，走進可能激發你走上自我發達之路的環境裡。努力地接近那些瞭解你、信任你、鼓勵你的人，這對你日後的成功，有著莫大的影響。你更要與那些努力要在世界上有所成就的人接近，他們往

往志趣高雅、抱負遠大。接近那些努力奮鬥的人，你會在不知不覺中深受他們的感染，養成奮發有為的精神。如果你做得還不十分完美，在你周圍那些積極有為的人，就會鼓勵你下更大的決心，做出更艱苦的奮鬥。（《人性的弱點》）

所以，一個人一旦能對內在的力量加以有效運用，那他的生命也將永遠不會陷於卑微貧困的境地。（《人性的弱點》）

良好的聲譽很重要

做不到的事情，不要輕易答應別人，答應別人的事情，就要盡力去做到。這樣才能給人以重諾守信的良好聲譽，別人才會信任你。

如果你想要獲得成功，必須為自己贏得良好的聲譽，讓你周圍的人都知道：一件事情到了你的手裡，便一定會做成。（《人性的弱點》）

樹立遠大的目標

《論語》云：「君子立長志，小人常立志。」意思是

説，一個品德高尚的人，立志高遠，並能持之以恒。遠大的志向，是我們的精神支柱，一個人做事有無恒心，是一個人是否具有優良品質的表現。

遠大的目標，往往是一個強而有力的精神支柱，而且可以使年輕人免於陷入種種誘惑，墮落到罪惡的深淵中。（《人性的弱點》）

可以肯定地說，如果一個人經常放棄一貫期待的目標，那他絕不會成為一個成功者。從一個人所做的事業中，便可以看出這個人真正的氣質。（《人性的弱點》）

你贏不了爭論

「人以自是，反以相誹。」通常，爭論的結果不是說服對方，而是激怒對方，所以，有時候沉默比爭論更有效。

天底下祇有一種贏得爭論的方法──那就是避免爭論。（《美好的人生》）

十之八九，爭論的結果祇會使雙方都比以前更加堅信自己是絕對正確的。

你贏不了爭論。要是輸了，你也就輸了；但即使你贏了，你還是失敗的。為什麼？如果你勝了對方，把他駁得

體無完膚，證明他毫無是處，那又能怎樣呢？你也許會絕
對很好。但是他呢？你祇會讓他覺得受到了羞辱。既然你
傷了他的自尊，他自然會怨恨你的勝利。而且──一個人
即使口頭認輸，但心裡根本不服。（《美好的人生》）

愛心能消除誤會

激烈的語言，有時候比不上一個溫馨的微笑；惡言相
向，不如用寬容的心去嘗試著理解對方。

佛祖說：「恨不止恨，唯愛能止。」誤會永遠不能靠
爭論來消除，祇有靠技巧、調解、寬容，以及用同情的眼
光來看待對方的觀點。（《美好的人生》）

用委婉的方式說服別人

你可以用眼神、聲調或手勢指責別人說他們錯了，
就像用話一樣說他們錯了，你以為他們會同意你嗎？絕對
不會！因為你直接打擊了他們的智慧、判斷力、自豪和自
尊。這祇會使他們起來反擊，但永遠不會使他們改變他們
的看法。即使你搬用所有柏拉圖或康德式的邏輯與他們辯
論，也改變不了他們的看法，因為你傷了他們的感情。

永遠不要這樣說：「我要給你證明……」那就糟了，因為那樣等於在說：「我比你聰明。我要告訴你怎樣怎樣，使你改變看法。」

那是一種挑戰。它祇會引起反抗，甚至使對方在你還沒說話之前就和你爭論起來。（《美好的人生》）

那該用什麼樣的方法說服別人呢？

如果你想要證明什麼事，大可不必聲張宣揚，而要講究策略方法，不要讓任何人看出來，使其在不知不覺中接受你的觀點。

Dale
Carnegie
78

教導他人時，不能使其發現是在受教導；指出人所不知的事，使其覺得那祇是他一時忘記的事。（《美好的人生》）

如何避免爭論也是一門藝術：

承認或許是你錯了，那麼你永遠不會惹來麻煩。這樣做不僅可以避免所有的爭論，而且還能使對方和你一樣寬宏大量，承認他也難免會犯錯誤。（《美好的人生》）

勇於自我批評

假如我們知道勢必要遭到責備，那我們首先應該自己責備自己，這樣比讓別人責備要好得多。聽自己作出的批

評，不比忍受別人的斥責要容易得多嗎？

如果你將別人想要批評你的事情在他有機會說話前說出來，那他便會采取寬厚、原諒的態度，來減輕你的錯誤。（《美好的人生》）

當我們對的時候，我們要溫和巧妙地使別人贊同我們；當我們錯的時候——如果我們對自己誠實，這是很常見的——我們就要迅速而誠摯地承認。這不但能產生驚人的效果，而且在許多情況下要遠勝過自我辯護。

請記住這句古語：「用爭奪的方法，你永遠不會得到滿足；用讓步的方法，你收獲的會比你期望的更多。」

所以，如果你錯了，請勇敢地承認。（《美好的人生》）

一切從友善開始

如果一個人因為與你不和，並對你懷有惡感而對你心懷不滿，那麼你用任何辦法都不能使他贊同你。

責罵的父母、強硬的上司和丈夫、嘮叨不休的妻子們應該明白：人們不願意改變他們的想法，不能勉強或強迫他們與我們意見一致。但如果我們用溫柔友善的方法——非常溫柔，非常友善——就能引導他們和我們走向一致。

（《美好的人生》）

太陽能比風讓人更快地脫下外套，那麼溫和、友善和讚賞的態度也更能改變人的心意，這是咆哮和猛烈的攻擊難以奏效的。

所以，要想使人信服，那就以友善的方式對待他人。

（《美好的人生》）

贏得他人的內心

林肯在一百多年前就引用過一句古老但顛撲不破的處世真理：「一滴蜂蜜要比一加侖膽汁能捕獲到更多的蒼蠅。」

人類也如此，如果你想要贏得人心，首先就要讓他人相信你是最真誠的朋友。這就像有一滴蜂蜜一樣，吸引住他的心，於是就有一條坦然大道，通向他內心的深處。

（《美好的人生》）

蘇格拉底的秘訣——讓對方說「是」

與人交談時，不要一開始就討論你們有分歧的事。剛開始應先強調——並且不斷地強調——你們都同意的事；

繼而強調——如果可能的話——你們雙方都在追求同一目標，你們之間的唯一差別祇是在方法上，而不是在目標上。

應該讓對方在剛開始的時候就說「是」，如果有可能，應該使他避免「不」。

一個「不」的反應，根據奧弗斯特里特教授的觀點，是難以克服的障礙。一旦你說出「不」以後，你所有的自尊都會促使你固執己見。過後，你也許會覺得「不」是不甚恰當的，然而你得考慮自己那寶貴的自尊！一旦一句話說出口，你覺得你就要堅持到底。所以，一開始就使人采取肯定的態度極為重要。

善於講話的人，常常一開始就會獲得「是」的反應，從而將聽者的心理導向肯定的方向。這就好比打彈子球：向前方擊球之後，要使其轉向就得費些力氣；要使其反向彈回就需要更大的力氣了。（《美好的人生》）

人類歷史上最偉大的哲學家之一蘇格拉底，他改變了人類的思考方式。兩千四百年後的今天，大家仍然尊他為最有智慧的說服者，因為他對這個紛爭的世界影響很大。

他的方法現在被稱為「蘇格拉底法則」，也就是讓對方說「是」。他問對方一些同意的問題，然後逐漸引導對方進入預設的方向。對方祇好繼續不斷地回答「是」，等

到對方察覺的時候，預設的結論已經呼之欲出了。

所以，下次當你想告訴某人是錯誤的時候，不要忘了蘇格拉底的教誨，問一些溫和的問題——一個可以得到「是」的問題。（《美好的人生》）

給別人說話的機會

大多數人都想使別人同意他們的觀點，可是他們自己的話卻說得太多了。讓別人暢所欲言吧！對於他們自己的事以及他們自己的問題，他們一定知道得比你多。所以，不如向他們提出一些問題，讓他們給你講述一些有關的事情。

如果你不同意他們的觀點，你可能想打斷他們。但請不要這樣做，因為這是危險的。當他們還有許多意見急於發表的時候，他們是不會注意你的。所以，你要以寬廣的胸襟耐心傾聽，要誠懇地鼓勵對方充分地發表他們的意見。（《美好的人生》）

使別人覺得那是他的主意

你對自己發現的思想是否會比別人的思想更為信仰？

即使別人的思想放在一隻銀盤子裡遞給你。如果是這樣，那麼你想將你的想法硬塞進別人的喉嚨，豈不是一廂情願？提出建議，再讓別人去想出結論，這是不是更明智一些？

沒有人喜歡覺得自己是在被迫去買什麼東西或被命令去做某件事。我們寧願覺得我們是自願購買的，或遵循自己的意念在做事。我們喜歡別人關心我們的願望、需要以及想法。

所以，要想使人信服，那就使別人覺得那是他自己的主意。（《美好的人生》）

從對方的立場看問題

要記住，別人也許完全錯了，但他們卻不這麼想。不要指責別人，任何傻子都會那樣做；而要儘量瞭解別人，這才是明智大度、超凡不俗的人應該做的。

對方之所以會那樣思考和行動，自有其道理。如果能找出那個原因，你就找到了理解他的行為和人格的鑰匙。想要找到這把鑰匙，你必須誠實地將自己放在別人的位置上思考。（《美好的人生》）

如果你能對自己說：「假如我處在他當時的困難中，

我將會有什麼樣的感受，什麼樣的反應呢？」這樣你就可以省去許多時間和煩惱，也可以增加許多處理人際關係的技巧。（《美好的人生》）

真誠地同情他人

有這樣一句神奇的妙語，它可以阻止人們的辯論，也可以消除他人對你產生的惡感，而且還會給他人留下一個良好的印象，使對方注意聆聽。

這句妙語就是：「我一點都不奇怪你有這種感覺。如果我是你，我也會和你有一樣的感受。」

這樣一句話，即使再固執的人也會軟化。而且你完全要發自內心，因為假如你是對方，你的感受當然會同他一樣。（《美好的人生》）

你明天將要遇到的人中，有四分之三都渴望得到同情。如果你能給他們同情，他們就會喜歡你。（《美好的人生》）

所以，如果你想使人同意你的看法……

請記住：你要同情別人的想法和願望。（《美好的人生》）

激發他人產生高尚的動機

事實上，你遇見的每一個人都會過高地估計自己，並認為自己是個善良而無私的人。

龐培·摩根在他的一篇短文中分析說，一個人做任何事，通常有兩種理由：一種是動聽的，另一種是真實的。

每個人都會想到那個真實的理由，因此你不必過分強調它。而我們每個人心中又大都有個理想主義者，總喜歡聽到那個說來動聽的動機。所以，要改變人們，就需要激起他們高尚的動機。（《美好的人生》）

戲劇化地表達你的意見

在傳情達意上，生動的表達會起到事半功倍的效果。生動的表達比獃板的表達給人印象深，而且還更容易引起對方的共鳴，被對方接受。因此，要給你的意見做好包裝。

這是一個富有戲劇色彩的時代，僅僅是敘述真理還遠遠不夠，必須使之更生動、更有趣、更戲劇化。你必須使用吸引人的方法。電影是如此，廣播是如此，所以，如果你想引起別人的注意，你也必須這樣做。（《美好的人生》）

提出有意義的挑戰

超越的欲望！挑戰！這才是激勵人精神的可靠方法。（《美好的人生》）

挑戰，是任何成功者都喜愛的一種競技，一種表現自己的機會；挑戰，是證明自身價值以及爭強鬥勝的機會。所以，你要想一個富有上進精神、充滿熱血的人同意你的意見，那麼你就應該記住：給他人提出一個挑戰。（《美好的人生》）

從讚美和欣賞開始

當我們聽到他人對自己的讚賞之後，再去接受批評，自然會覺得好受一些。正如理髮師在替人修面之前，先要塗上一層肥皂一樣。（《美好的人生》）

用讚美的方式開始，就好像牙科醫生用麻醉劑一樣，病人仍然要忍受鑽牙之苦，但麻醉劑卻能減輕這種痛苦。

所以，要想說服別人，要從讚美和欣賞著手。（《美好的人生》）

變「但是」為「而且」

如果你不想惹人生氣並改變別人，祇要換兩個字，就會產生截然不同的效果。

許多人在真誠地讚美別人之後，喜歡拐彎抹角地加上「但是」兩個字，然後再開始一連串的批評。例如，有的人想改變某個孩子漫不經心的學習態度，很可能會這樣說：「傑克，這學期你的成績進步了很多，我們真的以你為榮。『但是』，假如你的代數再努力一些的話，就會更好了。」

在這個例子中，原本受到鼓舞的傑克，在聽到「但是」兩個字之後，很可能會懷疑原來的讚美之辭。對他而言，讚美通常是引向批評的前奏。這樣做，不但使讚美的真實性大打折扣，對傑克的學習態度也不會有什麼幫助。

祇要把「但是」改為「而且」，就可以輕易解決這個問題了。「傑克，這學期你的成績進步了很多，我們真的以你為榮。而且，祇要你下學期繼續努力，你的代數就會趕上別人了。」

如果這樣說，傑克一定會接受這番讚美，因為後面沒有附加的轉折。因為我們間接地提醒了應該改進的注意事項，他也會懂得該如何改進以達到我們的期望。（《美好的人生》）

先談自己的錯誤

如果批評別人的人開始時先謙遜地承認，他自己也不是無可指責的，然後再指出被批評者所犯的錯誤，似乎就不是十分困難了。

要想改變人而不引起他的反感，那就在批評以前，首先認識到自己的缺點。（《美好的人生》）

讓對方保住面子

使人保住面子，這是非常重要的，而我們中卻極少有人能夠想到這一點。我們無情地踐踏別人的感情，為所欲為，挑差錯，發出威脅，當著別人的面批評孩子或員工，而不考慮對別人自尊的傷害！然而，幾分鐘的思考、一兩句體貼的話、對別人態度的寬容，對於減少這種傷害都大有幫助！（《美好的人生》）

稱讚最微小的進步

即使是最微小的進步我們也要稱讚，這樣可以激勵別人不斷進步。（《美好的人生》）

講到改變人，假如你我願意鼓勵我們所接觸的每一個

人，使他們認識並挖掘自己所擁有的內在寶藏，那麼我們不僅可以改變他，而且可以使他脫胎換骨。（《美好的人生》）

能力會在批評下萎縮，卻會在讚美下開出美麗的花朵，所以，你要：稱讚別人的每一次進步，即使這些進步十分微小。（《美好的人生》）

送人一頂高帽子

如果你要在某方面改變一個人，就必須認為某項特殊品質是他早就具備的優秀品質之一。

莎士比亞說：「假定一種美德，如果你沒有的話。」如果你希望某人具備一種美德，你可以認為並公開宣稱他早就擁有這一美德了。給別人一個好名聲，讓他們去實現，他們便會儘量努力，而不願看到你失望。（《美好的人生》）

這也許就是我們通常所說的「給人戴高帽」吧，一頂適當的「高帽」或可事半功倍。

讓他人感覺到自身的重要性

人類行為有個極為重要的法則，這個法則就是：時時讓別人感到重要。（《美好的人生》）

你希望得到朋友的認同，那就需要讓別人知道你的價值；你希望在自己的生活裡有一種自己對別人很重要的感覺，那就要先去處處關心別人。（《美好的人生》）

所以，你先尊重別人，別人才會尊重你；別人在你心中重要，才會把你放在自己的內心深處。

鼓勵使錯誤更易改正

如果你告訴你的孩子、配偶或下屬，他在某些事情上很愚笨，沒有一點天分，做的全都錯了，你就扼殺了他所有進步的動力。但用相反的方法，多加鼓勵，就可以使事情變得更容易，使對方知道你相信他有能力做好一件事，他在這件事上很有潛力可挖——那麼他就會努力做得更好。

所以，如果你想幫助別人取得進步，就要記住：多用鼓勵，使別人的錯誤更容易改正。（《美好的人生》）

使人樂意做你建議的事

作為一個優秀的領導者，要想改變同事和下屬的態度及舉止，應該把下面的大綱記在心裡：

1.誠懇待人。不要答應無法辦到的事，忘掉自己的個人利益，專心為別人的利益著想。

2.要確切地知道你希望別人做什麼。

3.要有同情心，問自己別人真正需要什麼。

4.要想想如果別人照你的建議去做會得到什麼。

5.將那些利益與人們的需要協調起來。

6.當你提出你的要求時，要讓別人感到他將因此而獲益。（《美好的人生》）

忽略惡意的批評

即使有人欺騙了我們，出賣了我們，甚至在背後捅了我們一刀，或被最親近的密友背叛，那也不要墮入自憐的深淵。相反，我們正好提醒自己，那正是發生在耶穌身上的遭遇。

長久以來，我發現既然無法避免不公正的批評，那我起碼可以做一些更重要的事，就是決定自己是否要受這些批評的干擾。

我要交代清楚，我並非對所有的批評都置之不理，而祇是忽略惡意的責難。所以，當你受到不公正的批評時，凡事盡力而為，然後打開你的舊傘，避開批評的雨水。（《快樂的人生》）

學會瞭解別人

　　人們都有一種傾向，喜歡用自己的反應來判斷別人的反應。

　　要幸福，就要瞭解別人。要認識到他人是不可能和你完全相同的。他們不可能和你一樣去思考，他人所喜歡的東西不可能和你所喜歡的一樣。祇要你認識到這一點，你便易於發展積極的心態，更易於做一些事情，使別人能做出稱心的反應。（《快樂的人生》）

先分析再行動

　　對於那些做事衝動的人來說，「知而後行」是最好的指導思想。

　　一定要先「知」！從做決定到決定去做事，這正是走向成熟的過程，但做事之前必須小心謹慎地分析論證，以

掌握和你的決定有關的一切因素。（《成熟的人生》）

　　祇靠情緒、偏見而匆匆忙忙地采取行動，卻不分析事實，這也是不成熟的表現，這和小孩子「現在就要」的任性欲望沒有什麼區別。（《成熟的人生》）

學會依靠別人的經驗

　　假如我們置身於一個不熟悉的環境，而且毫無經驗可以借鑒時，如果我們很明智的話，就應該遵循被廣泛認可的標準，並等待我們的信念和標準足以使我們產生經驗和信心的那一刻的到來，祇有傻子才會在還不清楚自己反叛的事物和反叛的原因之前就起來反叛。（《成熟的人生》）

　　在不熟悉的環境中，學會依靠別人的經驗便是一種明智之道。

不要給別人或自己貼標籤

　　現在，「成為你自己」這個目標是我們最難實現的了。在我們這個以生產過剩、科技發達和教研一體化為特點的社會中，要想瞭解我們自己已經很困難了，而要想

「成為你自己」當然也就更難了。我們已經習慣於按照一定的類別來劃分人，例如：「他是工會的人」、「她是公司職員的妻子」、「他是自由派人士」或「一個持不同政見者」。這就像孩子們玩的「警察捉小偷」的遊戲，我們不僅給自己貼上標籤，也給別人貼上標籤。（《成熟的人生》）

　　因此，不要給別人貼標籤，當然，也不要給自己貼標籤。

不要侮辱別人

　　有人總喜歡故意侮辱別人，這種故意愚弄別人的行為讓人覺得討厭無聊。可是你會發覺，許多人每天都這麼做。在社交中，最大的威脅往往來自這類無聊乏味的人。（《成熟的人生》）

令人討厭的談話行為

　　在日常社交中，什麼是令人討厭的談話行為？下面列舉五種：

　　1.不停討論自己的孩子或其他自己感興趣的話題。

這些人總有本事將那些毫不沾邊的話題，扯到自己感興趣的話題上去。例如，也許你正在和他談論政治或藝術，但是他真正感興趣的卻是他的孩子。

準確地說，令人感到無聊乏味的人基本上都不成熟，他們不明白，交朋友首先就應該替別人著想。

2.沒有主題，不著邊際。

3.木訥獃板，不善言談。

4.對任何問題都喜歡爭論。

5.永遠意志消沉。（《成熟的人生》）

如何觀察別人對你談話的態度

幸運的是，如果我們能仔細觀察，還是可以從某些跡象和徵兆中得到暗示，分辨出哪些談話行為是讓人覺得無聊乏味的：

1.聽者流露出凝固的微笑和灰暗的眼神

2.注意觀察聽者暗中看手錶的動作

3.聽者眼光遊移不定

如果你發現和你對話的人出現這些跡象，你就要明白：你的談話出現了問題。

付出才能贏得友誼

在這個世界上，沒有人有義務去喜歡別人。無論是做生意還是在社會交往中，假如我們不能拿出別人想要的東西，我們就沒有任何理由讓別人來主動討好我們。（《成熟的人生》）

所以，你要走出去開拓你的世界，祇有這樣，你才能贏得友誼。

第四篇

婚姻與家庭

夫妻要同甘共苦

丈夫和妻子結合在一起，就要承擔共同的責任，一起承擔人生的風雨。

丈夫衣衫襤褸，妻子服飾亦陋。人生總有沉浮，需要同甘共苦。（《美好的人生》）

不要嘮叨

可憐的女人，一切都起源於她的妒忌和嘮叨。地獄中魔鬼所發明的破壞愛情的所有惡毒手段，最屬害的要算嘮叨了。

所以，你想使你的家庭生活幸福，請記住：千萬不要嘮叨！（《美好的人生》）

不要做無用的批評

陶樂斯・狄克斯是美國研究不幸婚姻的權威專家，他認為在所有婚姻中，百分之五十以上是失敗的；許多充滿浪漫色彩的夢想之所以破滅，其原因之一就是那些毫無用處卻令人心碎的批評。

所以，如果你想使你的家庭生活幸福快樂，就請記

住：不要批評。（《美好的人生》）

學會讚美女性

對於女性在追求美麗方面所花的精力，男人應該表示讚賞。所有的男人常常會忘記——儘管他們也知道——女人非常在意自己的衣著打扮。（《美好的人生》）

所以，如果你想使你的家庭生活幸福美滿，那就請記住：給予對方真誠的欣賞。

不要忽略小事

自古以來，鮮花就被認為是愛情的語言。買花用不了幾個錢，尤其是在開花季節，街頭巷尾都能買到。

為什麼要等你妻子住院才給她買花呢？為什麼不在明天晚上買一束玫瑰花給她呢？如果你喜歡，不妨試試，看看結果如何。（《美好的人生》）

喬治‧柯恩，美國百老匯的大忙人，卻每天跟他母親通兩次電話，直到她去世。你是不是認為他每次都會告訴她一些新鮮事？沒有。這種小事的意義在於，向你所愛的人表達你的思念，你想讓她得到幸福；她的幸福快樂對你

來說是非常寶貴和重要的。（《美好的人生》）

女人對於自己的生日和結婚紀念日非常在意——為什麼呢？這可能永遠是一個無人知曉的女性之謎。男人即使不記得許多有意義的日子，但他們仍然可以將就地過一輩子，但是有些日子是應該記住的，如1492年（哥倫布發現美洲新大陸）、1776年（美國獨立）、妻子的生日以及他自己的結婚紀念日。如果實在記不住，那可以不記前面兩個時間——而不是後面兩個！（《美好的人生》）

這才是婚姻持續穩定的原因——一連串小事。忽視這些瑣事的夫妻必定會出現不幸。艾德娜・聖・文森特・米萊（1892-1950，美國詩人、劇作家）在她的一篇押韻短詩中說得很好：「並不是失去之愛破壞了我們的美好時光，而是生活小事導致了愛的消亡。」（《美好的人生》）

所以，如果想使你的家庭幸福快樂，請記住：

對小事多加注意。

對家人亦需有禮貌

蠻橫是腐蝕愛情的毒瘤。每個人都知道這一點，但是我們對待自己的親人有時竟然不如對陌生人那樣有禮貌。我們絕對不會想到打斷陌生人的話，說：「天啊，你又搬

出陳芝麻爛谷子的事來了！」如果沒有得到允許，我們絕不會拆開朋友的信，或者打聽他們的私事。但是面對我們自己家裡的人，也就是我們最親近的人，我們卻會責怪他們的小錯誤。（《美好的人生》）

不要把工作的煩惱帶進家門

在荷蘭，進入屋子之前要先把鞋子脫在門外。我們也應該向荷蘭人學習，在進家門之前，把一天的工作煩惱甩在門外。（《美好的人生》）

許多男人不會向自己的顧客或業務合伙人說出難聽的話，卻會對自己的妻子怒吼。然而，就其個人幸福而言，婚姻比事業更重要，也更密切。（《美好的人生》）

如何與女性相處

康奈爾大學文理學院院長列奧納多·科瑞爾博士曾給美好的姻緣設計了一幅藍圖：「幸福的婚姻祇屬於那些心理成熟、瞭解自己、善於和他人建立良好的關係、而且任何事情都能為他人的幸福著想的、富有責任感的人。」

科瑞爾博士還說：「一家人是通過內在價值，例如情

愛和伴侶的滿足而結合在一起的，這種內在價值是無法強求的。」

以上所說的內在價值，是可以通過一些手段加以發展、呵護和加強的。如何與女性相處實在是一門學問：

1.不斷地感謝和讚美她

丈夫的讚美是對她最好的獎勵。

讓女人願意永遠為他們效勞的最有效、最妥當的方法，就是毫不吝嗇地、經常性地給予她們真誠的讚美。

2.對妻子要慷慨和體貼

她們希望丈夫能在公共場所多關心體貼自己，就像他對一個陌生的美麗女子應該表現的那樣，關懷和尊重自己。

其實，適當地對妻子表現出殷勤，並不會對他的公共形象造成任何損害，反而會促進夫妻之間的感情。

就像愛他人一樣，體貼、仁慈和善良，應該先從自己的家人開始。

3.保持衣著整潔

雖然外表決定不了一個男人的地位，但它能改變女人心目中男人的形象。

4.瞭解妻子的工作

5.支持妻子，做她的後盾

丈夫不僅要在妻子遇到重大危機時能挺身而出，即使是日常小事上也要全力支持和幫助妻子。

　　6.分享妻子的嗜好

　　婚姻的成功與否，取決於夫妻雙方的「分享」與「合作」。當兩人在處理家庭問題時，必須試著把「你」和「我」轉化成「我們」。向妻子表達你的愛，丈夫一定要保證愛他的妻子，這可不像將結婚戒指戴在她手指上那麼簡單，而且要做到祇要她高興，他就應該每天都將結婚戒指戴在她的手指上。（《美好的人生》）

如何與男性相處

　　下面這些法則有助於女人更好地和男人相處：

　　1.要有一個好性情

　　男人們寧願在愉快的氣氛中吃罐裝的青豆，也不願意面對一個滿面愁容、嘮叨不休的女人吃牛排。

　　2.做個好伴侶

　　3.善於傾聽

　　4.學會適應男人

　　5.能幹但不失女性魅力

　　讓中意的男人看上你，並讓他覺得你就是他理想中的

女孩，這並沒有什麼困難的。你可以這樣做：工作時充分展示你的才能，爭取老板的賞識；下班之後，則要讓那個與你約會的男人覺得你是女人，而不是一部高效運轉的機器。（《美好的人生》）

家庭需要夫妻共同營造

家不僅僅是一個物質概念，它還包括溫暖、分享、歡笑、眼淚、幸福和憂傷等諸多精神方面的含義，而且正是這些精神含義為家增添了豐富的意義和價值。顯然，祇靠女人是無法創造這一切的，它是男女雙方共同攜手、努力創造的結果。（成熟的人生》）

做一個稱職的父親

越來越多的孩子在缺乏父親關愛的環境中長大。雖然他們有父親，但是那個父親祇是一個住在家裡的男人，除此之外並沒有太多的實際意義。他們總是見不到他，和他的感情也不深。父親每天總是早出晚歸，有時還要加班，實在忙不過來就把文件帶回家處理。總而言之，他很忙很累，不得不躺下來看晚報，直到孩子們都睡了還在忙他的

事情。他的休息時間也很少留給孩子，因為他平時要和公司的同事出去打保齡球，周末則要出去打高爾夫球，或者陪客戶參加什麼雞尾酒會。

然而，在這個世界上卻很少有人去指責父親經常不在家，祇要他能保證家庭生活衣食無憂，就不會有人在意他是否在道德和情感上對孩子應負的責任。這種祇承擔經濟上的責任而拋棄其他做父親所應負責任的男人，在我們周圍比比皆是，以至於我們認為這是一種合理的存在。

如果孩子在成長的過程中祇需要獲得物質上的滿足，那麼這個世界就可以不需要父親或母親。因為人的成長伴隨著情感需要，所以父親的存在就像母親一樣，不可或缺。

就像生孩子是兩個人的事一樣，要想培養出一個健康愉快的孩子也需要兩個人——母親和父親——共同在精神上對他施加影響。

對於一個女人來說，最開心的時刻正是看著孩子跑到門口，撲進下班回家的爸爸懷裡的那一刻。（《成熟的人生》）

愛把孩子和雙親連在一起

　　林肯太太責備他從不會教導孩子，說他寵壞了他們。「既看不見，也聽不見孩子們的過失。」林肯太太說，「但是，當孩子們表現好時，他卻從來不忘記表揚。他總是說：『我喜歡我的孩子們自由快樂，不受父母的約束。愛是一條鎖鏈，把孩子和雙親連在一起。』」（《林肯傳》）

享受真正成熟的愛

　　究竟什麼才是真正成熟的愛？卡耐基告訴我們：

　　愛的真諦並不是限制，而是向外延伸。

　　愛的真諦，不在於緊緊守住自己所愛的人，而是放手讓他去遠走高飛。一個成熟的人，不會占有任何人的感情，他會讓自己所愛的人得到自由，就如同讓自己獲得自由一樣。「愛」是存在於自由之中的。

　　愛包含了善良，包含了對全人類的關懷；它不是在一個人需要麵包時投之以石頭，也不是在他需要理解時給他麵包。

　　要想學會愛，我們就應該關心我們所愛的人的成長和發展，肯定和鼓勵他們個性化的存在，尊重他們的個性，

創造自由自在的氣氛──這些都是「愛」所應該具備的態度。愛，可以為他人提供在「愛」中成長的土壤、環境和營養。（《成熟的人生》）

男人與女人不是天生的敵人

一個人能否坦然地接受自己的性別角色，和結不結婚並沒有多大關係，它是態度端正、感情成熟的自然結果。如果不能接受這種基本思想，男人和女人在一起時就不會得到幸福，結果就可能出現男人和女人之間的戰爭了。（《成熟的人生》）

在我們理想的美好世界中，男人和女人將不會像天生就作對的敵人，而是攜手並進，在友誼和愛情中共同工作、共同遊樂、愛到永遠的一對。（《成熟的人生》）

幫助丈夫實現夢想

「漫無目的」是未成功者的咒語。他們茫茫然地找個工作、茫茫然地結婚生孩子，他們蹉跎歲月，一直在彷徨地期望事情會有所改變，心情卻缺乏清楚的欲望和理想。

每一個妻子所能幫助丈夫的，首先便是幫助自己的

丈夫找到對生命的渴求和希望，然後她才能與丈夫精心合作，實現這些夢想。

相愛並不是雙目對視——而應該是朝同一個方向投視。祇有這樣，愛才能延續下去。（《寫給女性的忠告》）

共同追求新的目標

婚姻生活的最大目標，就是夫婦兩人共同實現一個又一個目標。在攜手實現這些目標的過程中，你們的感覺會像重度蜜月一樣的甜蜜無比。

當一個目標實現之後，馬上定下另一個目標，這才是成功的人生模式。因此，我們要跟自己的丈夫合作，共同追求新的目標。（《寫給女性的忠告》）

激發丈夫的工作熱忱

如果你希望自己的丈夫出人頭地，從今天開始，你就應該使他建立對工作認真的觀念，也就是認清熱忱態度的重要性，再幫助他實行下面我所介紹的六種方法：

1.培養責任感

2.指定目標，耐心地完成

3.每天都給自己加油打氣

4.樹立「為別人服務」的思想

5.結交熱心的朋友

6.熱心地工作（《寫給女性的忠告》）

與你的妻子分享困難

男人要學會如何與他的太太一起渡過難關，就像他們一起分享勝利一樣。

當男人事情不順利時，他們總是想方設法瞞住自己的太太，以免讓她們的小腦袋裡裝滿恐懼和不安。他們恥於承認自己的失敗和挫折，恥於承認自己會被征服。他們從沒有想到，無論好壞，他們都應該讓自己的太太和自己共同面對並解決這些問題。（《寫給女性的忠告》）

激勵並讚美你的丈夫

妻子的職責，就是幫助她的丈夫成為他理想中的那個人。要做到這一點，需要相當的智慧：不要挑剔他，也不要拿他來和隔壁的鄰居相比，也不要設法使他工作過量，

而應該溫柔地鼓勵他、讚美他，給他加油打氣。（《寫給女性的忠告》）

每個男人都需要一個忠實的「信徒」

每一個男人都需要一個信徒——一個在環境不利的時候，忠誠地護衛著他的女人。當什麼事情都不對頭的時候、當處於危機之中的時候、當遭遇失敗的時候，男人需要一個能夠建立起他的抵抗力和信心的太太，讓他知道沒有任何事情能夠動搖她對他的信任。如果連他的妻子都不信任他，還會有誰信任他呢？

妻子應該有一種特殊的能力，看到丈夫身上別人看不出來的特質。她不僅在用眼睛去看，還用內心去看。（《寫給女性的忠告》）

與丈夫的女秘書友好相處

為了和丈夫的女秘書相處愉快，我們應該記住以下五條規則：

1.不要隨意猜疑

2.不要心懷嫉妒

3.不要隨意支使女秘書

4.不要傲慢對待女秘書

5.與女秘書和諧相處（《寫給女性的忠告》）

鼓勵丈夫做個「好學生」

許多成功人士，都是因為利用空閒時間進行學習才獲得成功的。

男人要想更優秀，就要擴展自己的知識和才能。

所以，如果你的丈夫正在做「學生」，你應該為此而感到高興，並且還要鼓勵他繼續努力。這樣做將會大大地增加他成功的機會。（《寫給女性的忠告》）

學會適應不平凡的丈夫

必須在非正常的時間工作的男人，或者是工作上有特殊需要的男人，更需要一個能適應自己的妻子。

如果你的丈夫工作也很不平常，並且還會給生活帶來一些不便，你可以設法應用下列幾項原則：

第一，如果這種情形祇是暫時性的，你不妨笑一笑，姑且忍耐一下。

第二，如果這種情形是長期的，你就得接受它，並設法改進它。

第三，要提醒自己，丈夫的成功也就是你的成功。如果這種工作對於丈夫的成功是必要的，那麼你也應該接受這種情況。

第四，要記住，這個世界上從沒有、而且也將不會有一個工作是完全祇有快樂和幸福的。每一種生活方式，都有它的優點和缺點。總是抱怨生活中缺陷的人，即使擁有最理想的環境，也不會感到滿足。（《寫給女性的忠告》）

適應丈夫在家裡工作

當丈夫在家裡工作時，妻子要學會適應並給予他有效的幫助。下面就是幾條簡單的規則：

第一，為丈夫營造一個舒適的工作環境，然後自己去做自己的工作。

第二，在丈夫工作的時候不要去打擾他，不要讓他去做開門、照顧孩子等瑣事。

第三，幫助丈夫保持愉悅的心情，當他工作不順利時，使他保持冷靜和溫和的態度。

第四，根據丈夫的工作時間來安排自己的社交計劃。

第五，幫助丈夫安排好他的工作時間，使孩子們有足夠的時間進行玩耍而不會被制止。（《寫給女性的忠告》）

不要落後於自己的丈夫

每一位妻子都有責任訓練自己，以適應丈夫事業上對她社交能力的需要。無論丈夫的職業是什麼，妻子如果有能力和旁人友好相處，並且對社交有足夠的適應能力，她就可以大大增進丈夫成功的機會。

不能趕上丈夫的事業而被丈夫丟在身後的妻子，並不是一個值得同情的人。這種人通常不是懶惰，就是不肯用心利用在我們身邊的、隨處可見的微小機會來改造自己。（《寫給女性的忠告》）

嘮叨祇會讓男人遠離家庭

嘮叨和挑剔帶給家庭的不幸，比奢侈和浪費還要嚴重。

從古至今，女人總想用嘮叨的方式來改變自己的丈

夫，但是，這種方法從來沒有奏效過——除非太陽從西邊出來。

以一種輕視的方式來嘮叨和挑剔，對男人的自尊心是一種長期的打擊和折磨。

最具破壞力的嘮叨、挑剔方式，就是拿自己的丈夫去和別的男人相比。（《寫給女性的忠告》）

訴苦、抱怨、攀比、輕視、嘲笑、喋喋不休——喜歡嘮叨和挑剔的女人，在這些殘酷的待人方式之中，如果不是專精於其中之一種，就是兼而有之的全能「專家」了。嘮叨就像麻醉藥，你學不來，也改不掉，它是在習慣中養成的。（《寫給女性的忠告》）

卡耐基給了我們六條建議，對妻子改變嘮叨的惡習可能有益：

1.取得丈夫和家人與自己的合作

2.任何話祇講一遍，然後就忘掉它

3.用溫和的方式實現目的

4.培養幽默感

5.冷靜地討論不愉快的事件

6.不需要嘮叨也能達到目的（《寫給女性的忠告》）

不要因為瑣事影響愛情

一個有理智的女人絕不會對一件便宜衣裳付出法國舶來品的價錢；然而，我們之中有些人卻常常浪費精力，緊繃著臉，為了一些微不足道的瑣碎小事，而把愛情轉變成怨恨。（《寫給女性的忠告》）

不要干預丈夫的工作

妻子對丈夫工作的干預，即使是出於最好的動機，也難免會變成一件危險的事——這比大多數人所知道的事實要嚴重得多。

卡耐基讓妻子們警惕不要做以下影響婚姻與愛情的行為：

1.對丈夫的女秘書惡言惡語

2.每天過度地打電話給丈夫

3.在他同事的太太之間製造一些摩擦

4.抱怨他的工作和薪水

5.支使他如何工作

6.不斷地任意揮霍

7.暗中偵察丈夫的一舉一動

8.對丈夫的老板獻媚

9.在公司的宴會上大出風頭

10.不讓丈夫加班出差

如果你想使用一流的手腕，毀掉你丈夫昇遷的機會，大小姐，那麼你儘管依著上述十條規則去做吧！結果肯定是——他將失去他的工作，而你將失去你的丈夫。（《寫給女性的忠告》）

不要用你的野心改變丈夫

著名文學家托馬斯·卡萊爾的妻子珍妮·卡萊爾最難能可貴的修養是：她從來沒有想過改變丈夫的個性。她曾在一封信中寫道：「……我不願意鼓勵每一個人都變成同一種類型，我寧願用粉筆在每個人的周圍畫一個圈，勸告他們不要讓他走出圈外，而盡力發揮獨特的自我。」

真的，幫助一個男人瞭解他自己的能力，和逼迫他去做超出他能力的事，這兩者之間存在著一種細微的界限。至於如何確定一個男人的能力限度，並且不逼迫他去做超出能力的事，這就要靠出色的女人來完成了。（《寫給女性的忠告》）

每個妻子不見得都這麼瞭解自己的丈夫。在現實中，許多男士都因為被迫去幹超過自己能力的事而感到精神崩

潰——通常都是因為他有一個野心的妻子。很多男人，在低層職位上工作得很稱職，也很快樂，一旦他的妻子強迫他去爭取不適合他的高職位，就會使他煩惱得患上胃潰瘍或是提前進入墳墓，因為由此導致的壓力和責任增加，超出了他神經系統的承受能力。（《寫給女性的忠告》）

因此，請讓你的丈夫去發揮他那天賦的自我吧！不要強迫他進入我們所預見的、屬於「成功」的概念模式裡。（《寫給女性的忠告》）

共同分享嗜好

和丈夫分享每一件東西——不論是一片麵包或是一種思想——都可以使你和他的關係更加親密。和你所愛的人共同分享特殊的嗜好和娛樂，這是夫妻關係之中獲得幸福的最主要方式之一。（《寫給女性的忠告》）

夫唱婦隨的基礎是什麼？是他們有共同的朋友、共同的嗜好和共同的理想——這些東西能夠把兩人結合在一起。（《寫給女性的忠告》）

讓丈夫單獨享有一種嗜好

你應該讓你丈夫有私人空間去做他的工作,如集郵,或是其他任何他所喜愛的事情。在你眼中,他的嗜好也許不怎麼高雅,但是你千萬不要阻止它,或是厭惡它。你應該遷就他。(《寫給女性的忠告》)

嗜好的真正作用,是幫助人們改變繁忙的工作步伐,舒緩緊張的心情。

我們應該利用嗜好來恢復工作的興趣,而不是用它來代替工作。(《寫給女性的忠告》)

培養你自己的嗜好

使我們感到疲倦的,並不是繁重的工作,而是生活的厭煩和單調。許多人在遊玩的時候,會和賺錢一樣地賣力,這就是因為活動內容的改變,可以緩解我們疲憊的心情。(《寫給女性的忠告》)

與丈夫一樣,妻子也要培養自己的愛好,發揮自己的特長。

不要鄙視做家務

有一位傑出的社會學家告訴我，女人已經不再認為處理家務有什麼重大的意義了。然而，世界上沒有其他的工作會比創造和維持一個家庭，以及養育這個家庭的孩子們更加值得尊敬，對個人和社會更加重要，以及更有意義了。（《寫給女性的忠告》）

給丈夫營造一個溫馨的港灣

為了使丈夫能夠以最高的效率工作，你必須為他營造一個舒適的港灣。以下就是五項基本原則：

1.輕鬆自在

2.舒適溫馨

3.有序而整潔

4.愉快而安詳的氣氛

5.創造夫妻共同的家（《寫給女性的忠告》）

絕不浪費時間

你也許已經注意到，你所認識的最忙碌的女人、做最多的事情的女人，總是比懶惰的女人要有更多的時間。這

是因為他們學會了安排自己的時間和家務——重視我們大家都擁有的寶貴金礦——時間。

浪費時間比浪費金錢更悲慘。金錢失去了還可以賺回來，然而時間永遠不會再回來。（《寫給女性的忠告》）

為你的丈夫打造良好的印象

不要詆毀你的丈夫，要做丈夫最好的廣告員。尊重自己的丈夫，從內心尊重他，祇有你尊重他，別人才會尊重他。

別人對你丈夫的印象，往往反映出你對丈夫的態度。（《寫給女性的忠告》）

愛是最好的食糧

小孩子覺得沒人愛他，這是少年犯犯罪的主要原因。

毫無疑問，這些忍受著情感缺乏的孩子們，常常會走向犯罪，以補償這種愛的缺失——

就像一個餓昏的人，當他找不到好食物的時候，即使對身體有害的東西也會吃。

愛是一種最好的食糧，我們的精神靠它生存和成長。

如果沒有愛情，我們的心靈就會變質。（《寫給女性的忠告》）

Dale
Carnegie

第五篇

工作與金錢

做兩個生命中的重要決定

如果你的年齡在十八歲以下，那麼現在，你可能即將要為你的生命做兩項最重要的決定。這兩項決定將會改變你的一生；會對你的幸福、你的收入、你的健康，都有深遠的影響；這兩項決定可能造就你，也可能毀滅你。

究竟是哪兩個重大的抉擇呢？

1.你將以何謀生？

2.你將決定誰來做你孩子的父親或母親？（《美好的人生》）

選擇你喜歡的工作

工作，將影響你的一生；它可能造就你，也可能會毀滅你。

如果可能的話，試著去尋找一份你喜歡的工作。

不要因為你的家人希望你那麼做，你就勉強去從事某一項工作。不要貿然地從事某一個行業，除非是你自己喜歡的。你要仔細地考慮父母給你的勸告。他們的年紀可能要比你大一倍。他們獲得了那種祇有從眾多經驗已經過去的歲月中才能得到的智慧。但到了最後分析的時候，你必須自己做最後的決定。因為將來工作的時候，感到快樂或

悲哀的是你自己，而不是別人。（《美好的人生》）

　　世界上最不快樂的人就是那些憎恨自己日常工作的「產業工人」。（《美好的人生》）

　　要把工作當成樂趣，這樣工作才不是一項負擔。可是，有多少人正在工作的重軛下抱怨呢？

做適合自己的工作

　　我再強調一次，一個人對不適合自己的計劃，必須堅決而肯定地推辭掉。（《寫給女性的忠告全》）

　　最適合某個人的工作，或能夠使他感到快樂的工作，並不一定會讓他富有或過上好日子。然而，除非一個人的工作能夠帶給他內心的滿足，否則就不算是真正的成功。（《寫給女性的忠告》）

如何選擇工作

　　1.參考並研究關於選擇職業的專業輔導員的建議。

　　2.避免選擇那些已經人滿為患的職業。

　　3.避免選擇那些維生機會祇有十分之一的行業。

　　4.在你決定選擇某一項職業前，應該先用幾個星期的

時間，對該項工作作一個全局性的認識。

記住，你即將從事你生命中最重要而且影響深遠的兩項決定中的一項，因此，在你采取行動之前，多花一點時間去探求事情的真相。如果你不這樣做，很可能會遺憾終生。（《美好的人生》）

不要因為工作而影響了健康

卡耐基的朋友哈羅・海賓博士對176位平均年齡為44.3歲的工商業負責人的健康狀況進行了調查研究。結果顯示：大約有三分之一以上的人，由於生活過於緊張而導致患上以下三種病癥之一：心臟病、消化系統潰瘍和高血壓。他們為了工作過度透支了生命。如果工作的最終目的是為了更好地生活，那麼當生命不存在時，工作還有什麼意義呢？

其實，這根本不是在爭取成功，如果他們患了胃潰瘍和心臟病，還怎麼能夠追求事業的成功呢？他們損失了健康，就算他能贏得整個世界，又能得到什麼呢？擁有了全世界，他一個人每次也祇能睡在一張床上，一天也祇吃三餐。這對於任何人來說都不困難，就算一個掏下水道的工人也可以做到，但他們比這些很有權力的公司負責人睡

得更安穩，吃得更可口。如果是我，我情願做一個在亞拉巴馬州租田種地的農夫，放一張五弦琴在膝蓋上自娛自樂，也不願為了管理一個鐵路公司，或一個煙草公司，在四十五歲還不到的時候，就毀了我的健康。（《人性的優點》）

《左傳》云：「皮之不存，毛將焉附？」如果失去生命，財富、名譽、幸福、歡樂，又將附著於何處呢？

工作是人生受益的源泉

真正的衰老是停止追求，心若沒有積極向上的動力，身體也便隨之衰老。作為老年人，參加一些適度的工作，是永葆青春的良方。

適量的、不會讓人過度緊張的工作，不僅不會對人造成傷害，還會對人的健康有益。（《成熟的人生》）

不要為金錢煩惱

人生百分之七十的煩惱都是由金錢引起的。因此，如何處理金錢是我們的人生大事。

當牽涉到你的金錢時，就等於是在為你自己經營事

業，而如何處理你的金錢，實際上也確實是你「自家」的事，別人都無法幫忙。（《美好的人生》）

如果我們不可能改善自己的經濟狀況，那我們可以改進我們的心態。記住，其他人也有他們的財務煩惱。（《美好的人生》）

合理預算收支

現在我們的錢所能買到的東西，跟十年前或者五年前比較要少得多了。女士們面對著一個不成比例的挑戰，必須好好利用這筆錢。價格膨脹了，生活水準提高了，我們的孩子所需要的教育費用也更加複雜和昂貴了。（《美好的人生》）

毫無計劃地花銷，就等於讓每個人，包括肉販、面包商和燭臺製造商，除了自己本身以外的每個人，都來分享你的收入。

預算的意義，並不是要把所有的樂趣從生活中抹掉。其真正的意義在於給我們物質上的安全和免於憂慮。（《美好的人生》）

有計劃或有預算的花費，可以保證你和家人從你的收入裡得到公平的分享。預算並不是件約束行動的緊身衣，

也不是毫無目的地把花掉的每一分錢都做個記錄。預算是一張藍圖，一個經過計劃的方法，它可以幫助你從收入中得到更大的好處。正確的預算方式，將會告訴你如何達成自己的目標，使自己的家、孩子們的大學教育費用、你老年的保險金，以及你夢想中的假期都得以實現。（《美好的人生》）

如何制定家庭預算

那麼，如何制定家庭預算呢？下面有一些做法，可以幫你完成這項計劃：

1.記錄每一件開銷，使自己瞭解花費的情形

2.以一年為單位，制訂出一個預算計劃

3.至少把每年收入的百分之十儲蓄起來

4.準備一筆處理意外事件的資金

5.使預算成為全家人的習慣

6.要考慮到人壽保險的問題（《美好的人生》）

學會理財

幫助丈夫成功的一個最重要方法，就是要知道怎樣

讓他的收入發揮到最大的效用。如果他祇會賺錢而不會節省的話,那你就應該幫助他管好錢包;如果他本來就很節儉,那你可以在花錢方面表現出相同的看法,為他增加信心。(《美好的人生》)

金錢並不是萬能的,但如果知道如何聰明地處理我們的金錢,就可以帶給你的丈夫和家庭更多的安寧、幸福和利益。所以,我們不能幻想著自己的丈夫能夠像我們本來能嫁、但後來沒嫁的那個男人一樣,帶回來一大袋的薪水。這祇會浪費我們的時間,損毀我們的青春。我們的工作就是讓自己變成理財能手,好好地處理他賺回來的錢。(《美好的人生》)

過度節儉也不是好決策

祇有少數的人才懂得節儉的意義。真正的節儉並不等同於吝嗇,而是經濟地、有效率地節省用度。節儉不是一毛不拔,而是用度得當。

善於節儉的人和不善於節儉的人比較,其實有很大的不同。不善於節儉的人往往為了節省一分錢,卻浪費價值一角錢的光陰。我從來沒見過斤斤計較的人可以成就大業。吝嗇的節儉其實最不合算。而準備做大事業的人,一

定要有度，切不可斤斤計較一分一厘。祇有靠理智的頭腦、合理的處世，才能事業成功。

所謂節儉，從寬泛的角度來講，包含深謀遠慮和權衡利弊的因素。最聰明的節省，有時常需要過分的消費，比如做大生意所用的交際費並不是一種浪費，而是一種大度的用法，是一種恰當的投資。

許多人為了節省一些小錢，損害了自己的健康。要想在職業上獲得成功，必須防止不合理的節省。無論怎麼貧窮，你可以在其他任何地方節省，但不可在食物上節省，因為食物是健康的基礎，也是成功的基礎。

我們應該以增進體力和智力為目標，所以，凡是可以增進體力和智力的事情，不管要耗費多少代價，都要去做。凡是能夠促進我們成功、有利於我們的事情，在金錢方面，千萬不要吝嗇。（《美好的人生》）

避開債務的糾纏

青年人一定要下決心，無論怎樣急需金錢，也不要讓自己的名字出現在別人的賬簿上。

謹記：借得慢，還得快！

一個青年人在走上生活的正軌、沿著事業的健康道路

前進時，首先要注意的是：要在自己的才能、意願、目標之間建立起恰當的平衡。不要因為野心太大，眼光太高，而走上舉債經營的道路。

負債是世界上最苦惱的事情。祇有那些因為債務纏身、時刻受債主的要求和壓迫、因債務吃盡苦頭的人，才知道負債是人生最大的威脅。

債務會把一個人的體力、氣魄、人格、精神、志趣以及雄姿都消磨得一幹二淨；甚至由於債務對人的壓迫，還會把一個人一生的希望全部毀滅。（《美好的人生》）

第六篇

演講的藝術

演講需要正確的態度和堅實的基礎

沒有人是天生的演說家，通過學習，我們同樣可以獲得演講的才能。

作為成人，我們會對快速容易的有效演講感興趣。快速產生實效的唯一途徑，就是要有實現目標的正確態度和建立其上的堅實原則基礎。（《語言的突破》）

交流需要真誠

我們無論是在晚餐聚會上，還是在教堂做禮拜、在家看電視或聽收音機，都更願意聽到率真的語言。根據常理來思考，並誠懇地交流，而不是對著我們誇誇其談。（《語言的突破》）

不要怕出醜

當有人問蕭伯納是如何獲得氣勢逼人的當眾演講的經驗時，他說：「我借鑒了自己學滑冰的方法——固執地讓自己一個勁兒出醜，直到學會為止。」

因此，要想學會當眾演講，就必須克服怕出醜的心理。（《語言的突破》）

激發讀者的共鳴

演講也許已經準備周詳，演講者也許對自己的話題充滿熱情，然而要想真正演講成功，卻還有另一個因素必須考慮：演講者必須使聽眾覺得他所說的對他們很重要。他不僅要自己對這個話題富有熱情，還必須要把這種熱情傳達給聽眾……高明的演講者總是熱切地希望聽眾感受到他的感受，同意他的觀點，並做他認為應該做的事，與他一同分享他的快樂，一同分擔他的憂愁。他會以聽眾為中心，而不是以自我為中心。他明白自己演講的成敗不是由他來決定，而是由聽眾的頭腦和心靈來決定。（《語言的突破》）

演講要有範圍

演講的題目一旦選好，第一步就是要確定演講所包含的範圍，並且把話題嚴格限定在其中，不要妄想講一個無所不包的話題。例如，有一個年輕人想用兩分鐘的時間就「從公元前五百年至朝鮮戰爭時期的雅典」這個題目發表看法，這幾乎是痴人說夢！因為他剛講完雅典城的建造就該下臺了。（《語言的突破》）

使演講富有人性

如果平淡的演講能穿插一些富含人性的趣味故事，將會引人入勝。演講者應該祇提出自己的觀點，然後用具體的事例來做例證。這樣的演講，才能抓住聽眾的注意力。

當然，這種人性化故事最豐富的源泉，就是你自己的生活經歷。不要覺得不該在公眾場合談論自己，便猶豫著不敢說出了來。要知道，祇有當一個人滿懷敵意、狂妄自大地談論自己的時候，聽眾才會厭惡；否則，聽眾對演講者親身經歷的事情都會非常感興趣的。親身經歷是抓住聽眾注意力最可靠的方法，千萬不要忽視。（《語言的突破》）

使演講內容視覺化

采用細節來豐富演講，最好的方法就是在其中加入有利於視覺吸收的展示。例如，當你花數個小時告訴聽眾如何揮動高爾夫球桿時，聽眾也許已經聽煩了。可是，如果你站起來表演如何把球擊下球道時，聽眾就會全神貫注了。同樣，如果你用手臂或肩膀來描繪飛機漂移不定的情形時，聽眾也會更加關注你講的故事了。（《語言的突破》）

使語言具體化

「一隻帶斑紋的牛犬」是不是讓你有了更鮮明的印象？說「一匹黑色的雪特蘭小馬」是不是比說「一匹馬」形象得多？「一隻白色、斷了一條腿的矮種公雞」是不是比「雞」這個詞更能給人具體的圖像效果？

能夠讓聽眾聽來輕鬆愉快的演講者，最善於在聽眾眼前塑造鮮明的景象。使用模糊不清、繁瑣乏味語言的演講者，祇會讓聽眾打瞌睡。

法國哲學家艾蘭說：「抽象的風格總是不好的。在你的句子裡，應該全是石頭、金屬、椅子、桌子、動物、男人和女人。」（《語言的突破》）

演講要有激情

生命力、活力和熱情——這三種因素我一直認為是演講者首先要具備的條件。人們聚集在生龍活虎的演講者四周，就像野雁圍著秋天的麥田旋轉。（《語言的突破》）

演講者要有激情，才能感染別人。即使是亞里士多德的作品，通過軟弱無力的喉管發出，也會貶低思想本身的價值。

必須強調一個理由

　　許多推銷員可以舉出半打理由勸說你購買他們的產品，你也可能會舉出好幾個理由來支持自己的觀點，並且全都與你所使用的事例有關。然而，最好還是祇選一個最突出的理由或益處。

　　沒有哪家廣告公司會一次推銷兩種或兩種以上的產品或理念。在銷售量很大的雜誌中，也沒有一個廣告使用兩個以上的理由來說明你為什麼應該購買某商品。同一家公司也許會從一種媒介改為另一種媒介來刺激消費者的動機，如從電視改成報紙，但是同一家公司卻很少在一個廣告中做不同訴求，不論口頭上的還是視覺上的。（《語言的突破》）

化陌生為熟悉

　　有時候你會有這種感覺：你辛辛苦苦地忙了半天，仍然沒有把自己的意思解釋清楚。你本來是很清楚這件事的，可是要讓聽眾也明白它，就需要深入細致的解說。這該怎麼辦呢？不妨把它和聽眾熟悉的事情相比較，告訴他們這件事和另一件事一樣，和他們所熟悉的事一樣。（《語言的突破》）

避免使用專業術語

如果你是從事某項技術性工作的專業人士——例如律師、醫生、工程師，或是高度專業化的行業——那麼，當你向外行人演講時，必須加倍小心地使用淺顯易懂的語言來解釋，同時還要注意加上必要的細節。（《語言的突破》）

即興演講不是隨興而談

僅僅是不著邊際地胡說八道，用不合乎邏輯的方式把那些根本不相關且毫無意義的事扯在一起，這樣做是行不通的。你必須圍繞一個中心，把自己的理念進行合理的歸納。這個中心思想，必須是你要說明的。你所列舉的實例必須要和這個中心相一致。（《語言的突破》）

情緒比聲音更重要

剛開始教學生如何當眾講課的時候，我花了大量的時間來進行發聲訓練，為的是產生共鳴、增大音量、增強活力。但是不久前，我開始認識到，教學員如何正確發音，如何產生「圓潤」的聲音，是絕對失策的。對他們來說，

能夠花三四年時間來提高發音技巧固然不錯，但是，我意識到，我的學員祇能依靠天生的發音係統。我發現，如果把以前幫助學員「運氣」，且偏離更重要目標的大量時間和精力，用來幫助他們從壓抑和緊張的情緒中解脫出來，會有很快的成效，還會保持驚人的效果。感謝上帝，讓我有這樣的智慧。（《語言的突破》）

做自己，不要刻意模仿別人

世界上沒有一個人會和你一樣。數十億人都有兩隻眼睛、一個鼻子、一張嘴，但是沒有一個人跟你長得完全相同，和你的特徵、思考方式一樣。也幾乎沒有人像你放鬆地演講時那樣說話和表達。換句話說，你是獨一無二的。作為一個演講者，這就是你最寶貴的優勢，要堅持，要珍惜，要發揚。正是這個閃光點，會給你的演講增加魅力和真實感。「那是能說明你的重要性的唯一證據。」我懇求你們，請不要把自己變成一種模式，因為那會失去你的特徵。（《語言的突破》）

給聽眾溝通的感覺

那不是演講，是在自言自語，沒有一點溝通的感覺。成功演講的首要條件是——溝通的感覺。聽眾必須感受到，有一條信息正在從演講者的意識和心裡傳到他們的意識和心裡……事實上，這種演講聽起來好像是對荒漠，而不是對人。（《語言的突破》）

避免令人產生反感

我再三請你注意，不僅要抓住聽眾的注意力，而且必須抓住積極的注意力……理性的人不會一開始就侮辱聽眾，或是說出令人不愉快的話。這勢必會讓聽眾對演講者和他的話題產生反感。

演講該如何開場？卡耐基給了我們兩條啓示：

1.不要以道歉開場

2.慎用「幽默」故事開場（《語言的突破》）

Dale
Carnegie

第七篇

偉人的魅力

「米老鼠之父」迪斯尼

　　值得我們稱頌的是，迪斯尼終身為卡通片做出了不懈的努力。據他自己說，這是由於「興趣」，而不是為了賺錢。（《偉大的人物》）

「說謊大王」利波里

　　經過這樣十年的不懈努力，利波里每個星期都要畫兩幅「信不信由你」的諷刺畫，可是當時他還並不怎麼引人注目，這正如他有一次親口對我說的：「我努力奮鬥了十年，可是卻不知道成名祇需要十分鐘！」

　　毫無疑問，利波里所知道的奇異之事比世界上任何人都要多！可是，信不信由你——他連自己畫室的電話號碼都不知道！

　　不錯，他是一位真正的藝術家，他願意過隨意的生活。（《偉大的人物》）

幽默明星羅吉爾

　　羅吉爾的一生充滿傳奇色彩。他曾有機會拜見過多位皇帝、皇后，以及其他尊貴人士，可是你一定不敢相

信，他一輩子沒有做過一件禮服，連平時穿的衣服也很隨便，祇有在拍戲時，導演為了需要強迫他，他才勉強給自己打扮修飾一番。雖然他每年賺很多錢，但他的口袋裡永遠至多祇帶五美元，而且他一輩子都沒有買過一輛汽車。（《偉大的人物》）

貧窮的音樂大師莫扎特

已故俄國教授李奧‧波阿爾對我說過一句令我終生難忘的不朽名言：「如果你想成為一個卓越的音樂家，那麼，你生來就應該是貧窮的。在貧困者的內心當中，有一種說不出來的極其神秘、極其美麗、可以使人們增強力量、思考、同情和仁愛之心的因素。」

李奧‧波阿爾教授說得太對了。莫扎特就是這樣一個貧窮的人，他甚至沒有錢買木炭來給他居住的破屋取暖。在寒冷的冬天，他祇好把雙手插進穿在腳上的毛襪子裡取暖片刻，然後再接著作曲。祇有這樣的人，才具備天生的音樂才能，才能創作出許多偉大的樂曲，才能永垂不朽，名垂萬世。

所以莫扎特、德瑞克這些著名音樂家，正是因為貧窮，才能充分發揮他們的天才。（《偉大的人物》）

天才作曲家喬治・傑斯文

我曾拜訪過美國著名作曲家喬治・傑斯文，並向他請教他成功的秘訣。他告訴我，他的成功非常簡單，因為他知道自己的需要，然後按照這個「需要」堅持不懈地努力，直至實現目標。（《偉大的人物》）

新大陸發現者哥倫布

我們姑且不論哥倫布是否是第一個發現美洲的人，可是他那種大無畏的、勇敢而百折不撓的精神，實在是值得我們作為楷模來學習的。當水手們畏懼退縮的時候，祇有他還在勇往直前；當水手們惱羞成怒地警告他如果再不折回的話，便要叛變殺死他時，他的回答還是一句話：

「前進！前進！前進！向前進！」（《偉大的人物》）

「北極探險第一人」史蒂文森

當他第一次提出去北極探險時，許多人都認為他瘋了。他們警告他，如果他真的想這麼做，他肯定會餓死在路上。究竟會不會餓死在路上？連他自己也不能斷定。不

過，他是一位科學家，不論什麼事，他都要經過事實的驗證才肯相信。於是，他和助手出發了。（《偉大的人物》）

空中飛行將軍拜德

如果要寫拜德將軍一生的經歷，那的確會非常動人。尤其值得一提的是，他在孩提時代就具有堅強不屈、排除一切障礙的精神和魄力，這是多麼不易啊！

當政府因為拜德的腿傷而勒令他退役時，他沒有灰心。他認為一個有智慧和勇氣的人，即使他是個跛子，仍然比一個身強體壯而缺乏頭腦和勇氣的人要強很多。

連美國當局也承認他的偉大功績，授予他「大將」的榮譽——因跛腳而兩次被海軍拒絕的他，竟然成了著名的海軍大將。（《偉大的人物》）

跛腳文學家韋爾斯

他認為幼年時摔傷腿對他來說是很幸運的一件事，並且成就了他的一生。因為自從摔傷腿後，有一年的時間不能出門，為了解除寂寞，他祇有讀書解憂。結果，他對書

產生了極大的興趣，對文學產生了鉅大的嗜愛。摔傷腿對他的一生可真是一個大的轉機。

許多年後，他以他所觀察到的「腿」為題材，寫了一篇有趣的文章——他認為從一個人穿什麼鞋子，可以斷定他是怎樣的一個人。（《偉大的人物》）

憂鬱詩人愛倫坡

請不要輕視愛倫坡所寫的小說與詩句，因為這些作品都值得被稱頌為「文學的光榮」和「世界的珍品」！然而，最使我們感到不公平的是，這些不朽的佳作竟然不能為他換來足夠的面包，這個世界是多麼殘酷啊！

他那不朽的名詩《烏鴉》，愛倫坡寫了又寫，改了又改，足足花費了十年的時間。

誰會想到，愛倫坡耗盡了十年心血寫成的《烏鴉》，僅賣了十美元？而且誰又會想到，這首詩的原稿在最近幾年售價竟高達數萬美元？為什麼我們的天才要在活著時忍饑捱餓？又為什麼在他死後以驚人的高價出賣他的原稿呢？

他大部分時間窮得連飯都吃不起，更別提付房租了。他的太太生病在床，但他也沒有錢替她買些食物。有時

候，他倆一整天不吃東西。當院子裡的車前草開花時，他們便煮一些車前草來充飢。仁慈的鄰居可憐他們，常常送食物給他們。他們憐惜他的詩歌天才，也愛憐他偉大的愛心。他們雖然貧窮，但精神上富足而且快樂。（《偉大的人物》）

諷刺大師馬克·吐溫

1929年，馬克·吐溫大量投資於蒸汽機、電報機，以及改良印刷業的新機器等，結果損失了十多萬美元。

他的朋友、美孚石油公司經理羅傑斯打算幫他還債，但被他直爽地拒絕了。還有許多他的欽佩者，自發地聯合起來為他募捐，於是支票從全國各地紛紛寄來，但都被馬克·吐溫原封不動地退回。因為他不願依靠別人的力量來還債，他想自己來還債。

希臘哲學家蘇格拉底是最聰明的人，但他往往窮得吃不飽飯。當他臨死時，仍然記得曾借了別人家一隻公雞還沒有還，所以他臨終時的遺言之一，就是要求他最親近的一位朋友代他償還「雞債」。

如此說來，欠債並不能算恥辱，唯有欠債不還，那才是奇恥大辱！所以，我們應該學習馬克·吐溫，不依靠

他人，以自己的力量來償還自己的債務。（《偉大的人物》）

高產作家辛克萊

辛克萊昇入高等學校後，身上窮得連一美元也沒有⋯⋯他每天晚上可以寫八千字——也就是說，他每個月可以完成兩部十多萬字的小說。可是，他每天還得在哥倫比亞大學上八小時的課。這樣的多產作家確實少見，也許在一百萬個中還不一定有一個這樣的天才。

辛克萊不想做事而已，一旦他想去做的話，他一定會像哈巴狗追貓一樣執著，不達目的誓不罷休。（《偉大的人物》）

因禍得福的作家歐·亨利

著名作家歐·亨利曾經被冤枉而入獄達五年之久。可是在獄中，他卻寫出了最經典的著作，從而名垂青史。

「下獄」本來是最為羞恥的事情，但對於歐·亨利來說，卻是幸運的。歐·亨利之所以能創造出偉大的作品，其原因，我們可以引用理查·羅維雷斯——285年前一位在

英國被捕的詩人的不朽名詩來回答。這是一首從獄中寫給
愛人的情詩：

獄中寄給雅蒂碧

石墻怎麼能算監獄？

鐵柵未必是牢籠。

天真無邪的人，

應該來這裡隱居片刻；

祇要我還有愛的自由，

誰也拘束不了我的靈魂。

歌頌吧！

祇有天上的天使，

才享受這樣的自由。

正是心的自由成就了歐‧亨利。（《偉大的人物》）

永不言棄的小說家南根里

南根里之所以值得我們學習，是因為他在失意潦倒中
苦苦地掙扎奮鬥了五年，終於成為舉世聞名的大作家。

他堅持寫作五年，在這五年當中，他從來沒有靠寫作賺過一分錢。雖然他有時候也會獲得少數的收入，但那是他在夏季充當職業棒球員的報酬，和寫作根本沒有關係。

經過五年時間的奮鬥，在各種打擊和失敗的挫折下，南根里終於實現了自己的願望，成了一流的作家。（《偉大的人物》）

「相對論」鼻祖愛因斯坦

「愚蠢」的愛因斯坦

那天下午，我拜訪了愛因斯坦的叔父，但結果令我失望，因為他並沒有告訴我有關愛因斯坦任何不同於常人的地方。相反，他極興奮地對我講了許多愛因斯坦小時候的愚蠢，例如舉止遲鈍害羞，說話也結結巴巴。他的父母擔心他的智力不及常人，連學校的老師也對他搖頭絕望，叫他「笨蛋」，認為他沒法教育。可是，誰又能想到，這麼一個奇笨無比的孩子，後來竟被全世界公認為當代最傑出的聰明偉人、古往今來最偉大的思想家之一呢？（《偉大的人物》）

拒絕被優待

據說，有一次，某艘輪船的船長為了優待愛因斯坦，特意將全船最精美的房間讓出來，沒想到卻被嚴詞拒絕，因為他不願意接受這種特別優待，而甘願睡在最下等的船艙裡。（《偉大的人物》）

生活隨意且簡單

據愛因斯坦夫人說，她的丈夫在思想上是極其遵守秩序的，但在日常生活上，他倒願意「隨便」而不想受到約束，想做什麼就做什麼，喜歡什麼時候做就什麼時候做。他給自己訂了兩條規則：一條是不要任何規則；另一條是不受任何人意見的支配。

愛因斯坦的日常生活非常簡單。他平時總是穿一套不整齊的舊衣服，經常不戴帽子，在浴室裡常吹著口哨或哼著歌曲。他雖然打算解決複雜的宇宙之謎，但他同時也認為不能將人生的享受搞得過分複雜。（《偉大的人物》）

「發明大王」愛迪生

我認為記憶力的好壞並不影響你的事業，也並不減損你的偉大，愛迪生便是一個很好的例證。

這位偉人的幼年時期，正是以健忘而聞名。他在學校裡會把所學到的東西全部忘掉，而且他在全年級中的成績也是最差的，連老師都對他沒有辦法，沒有一個人不抱怨說他又蠢又笨，甚至有些醫生在檢查他的大腦時，發現有特殊的怪異現象，於是他們竟武斷地預言，他必將死於腦部疾病。（《偉大的人物》）

飛機發明者萊特兄弟

他們兩個人沒有受過什麼高等教育，也沒有進過什麼高等學校，他們憑借著兩種比「大學文憑」還要寶貴的東西獲得成功，那就是「智力」和「熱情」。

弟弟奧維爾十分內向，也很討厭誇大其辭，所以他沒有寫自傳，也不願意接見新聞記者，甚至不願意照相。他的哥哥韋伯最瞭解他，曾說過這樣的話：「鸚鵡雖然是鳥類中最善於說話的，但卻不能飛得更高更遠。」

他們的父親曾這樣忠告過他們：因為家庭經濟困難，結婚和從事飛行研究這兩件事是不能同時進行的；結果他們選擇了飛行研究，並且始終沒有結婚。（《偉大的人物》）

捨己救人的名醫格林菲爾

他終生沒有一點兒積蓄，可他卻是世界上最快樂的人之一。

你為格林菲爾醫生擔心嗎？那你可就錯了，你大可不必為他擔心，相反你應該嫉妒他，因為他比你我更幸福。他已經獲得了世界上最寶貴的東西，那就是「快樂」和「滿足」。（《偉大的人物》）

印度聖雄甘地

從物質上來講，甘地非常貧窮，曾有人給他估算過，即使將他所有的全部家產變賣，也值不了七十五美分。然而，全世界的富人又有哪一位有甘地的名聲大呢？

為什麼，像甘地這樣一位瘦小的不滿百磅的人，振臂一呼，卻能喚醒整個印度呢？

因為他同情那些在貧困中掙扎的同胞，又看到那麼多同胞在飢餓中死亡，所以他認為自己的成就實在微不足道，就把他所獲得的錢財全部用於救濟窮人。他立志終生為那些貧窮的人服務，盡自己的力量去幫助他們。（《偉大的人物》）

談話高手仲馬斯

我第一次遇見羅威爾·仲馬斯是在二三十年前。他當時正在波雷斯頓讀書，一貧如洗，也沒有什麼名氣。可是等他成名之後，我再碰見他時，他依然和過去一樣和善、熱心而謙遜，並沒有因為自己的成功而驕傲。

據說，仲馬斯在學生時代，因為家境不富裕，祇好半工半讀地完成了學業。他曾管過爐竈，當過廚師和服務生，還曾替一位教授喂過牛。因此，仲馬斯常常對別人說，如果他當年沒有做過這些卑賤的事，他的生活經歷就不會這麼豐富，他也就不會取得成功。（《偉大的人物》）

童話作家都格森

《愛麗絲漫遊仙境》最終還是出版了。不過都格森不願意暴露自己的真名，因此他在作者的下面隨便編造了一個名字：路易斯·嘉路爾。

誰知道，這本書出版後，竟然使全世界任何會說英語的地方大為震驚！並且，它很快被譯成幾十個國家的語言，而且年復一年，讀者越來越多，連印刷廠都忙得晝夜不停地開工印刷。

這一鉅大的成功連都格森自己都莫名其妙，他始終懷疑，這本書到底成功在哪裡呢？（《偉大的人物》）

自學成才的牧師卡德門

你是否抱怨工作太忙了？那就請你看看卡德門博士每天要做多少事情吧！

他每天早上七點鐘起床，要寫二三十封信，寫一篇一百五十字左右的報刊短文，準備一篇演講詞，探望五六位教區居民，還要參加兩三個地方的集會，然後匆匆忙忙回到家，再讀一本新書……直到凌晨兩點，他一天的工作總算完成，這才上床睡覺。

他這麼繁重的生活，我可能祇要過兩天就會感到頭痛。然而，卡德門先生卻這麼淡然地一天天地過了下來。

卡德門的自學精神值得我們敬佩。當他在煤礦工作時，即使是一兩分鐘的閒暇時間也不肯輕易放過，他總是會從口袋裡掏出一本書來，湊到昏暗的燈光下閱讀。雖然他每次最多祇能讀兩個小時，但他工作時總會帶上一本書。他曾對人說過，他可以一餐飯不吃，卻不能一本書不帶。

他當時明白，要想擺脫煤礦生活，就必須努力讀書。

他在煤礦中幹了十年，總是盡力向別人借書來讀，據說大概有一千多冊。十年的努力，使他總算達到了目的，滿足了自己的求知欲，不僅獲得了大學學歷，並且還獲得了倫敦立蒙大學的學位。（《偉大的人物》）

好萊塢女影星嘉寶

要嘉寶放棄已有的固定職業，放棄原來的薪水，再花錢進入戲劇學校學習，的確是一次困難的抉擇。假如她沒有長遠的眼光和鉅大的勇氣，她是絕對不可能那樣做的。嘉寶確信自己對戲劇極其感興趣，自己將來必有成功的希望，於是，聽從這位導演的勸說，毅然辭去工作，開始向理想目標邁進。

我們相信，如果沒有這位導演對嘉寶天才的欣賞，恐怕嘉寶還是一個普通的售帽部職員。（《偉大的人物》）

《小婦人》作者阿爾科特

《小婦人》完稿後，阿爾科特認為這是她最失敗的一部作品。但她想不到的是，這部作品出版後竟然銷售一空，僅僅在美國，就擁有兩千萬以上的讀者。一些文學家

曾公開評論説：「《小婦人》是全世界最受女性歡迎的一部傑作。」她自己都被弄得莫名其妙，有些懷疑地説：「這到底是怎麼搞的？」

在阿爾科特女士的故鄉康考特，矗立著一棟古老的白色房子，現在每年都有好幾萬人去瞻仰它，因為這是她的誕生地。

記得有一次，我看見一位婦人在參觀這座古老而破舊的白色房子時，突然哭了起來。有人好奇地問她為什麼哭泣，她説：「我想起了《小婦人》中的四位主角：梅格、紹爾、佩斯和艾美，她們不都在草屋中共同經歷過悲歡嗎？書中的紹爾不正是阿爾科特小姐自己的遭遇嗎？看了這麼動人的書，又見了書中常常提到的白色房子，我能忍住不哭嗎？」

《小婦人》的偉大動人之處，又得到了一個有力的證明。（《偉大的人物》）

Dale
Carnegie

關於林肯的幸福語錄

——摘自卡耐基《林肯傳》

懷念母親

曾和林肯合伙開律師事務所二十一年的威廉・H.荷恩敦在1888年出版了三大冊《林肯傳》，其中寫道：

「關於林肯先生的祖先和身世，我記得他提過一次……這一段話使他想起了已故的母親。馬車要搖搖晃晃地向前奔跑，他淒然地說：『上帝保佑我的母親，我所擁有的一切以及渴望得到的一切，全都歸功於她。』此後，我們一路上沒有說一句話。他悲哀而專注的神情，顯然在回憶往事。在他的四周仿佛築起了一道藩籬，我不敢貿然闖進。我對他這段話和那憂鬱的神態印象極深。」

充滿愛心

林肯的第一篇作文，是他看了伙伴們殘忍的遊戲之後有感而發的。他當時經常和伙伴們一起去抓甲魚，抓到甲魚後，伙伴們就把燃燒著的煤炭放在甲魚背上，以此來取樂。林肯求他們不要這樣做，還赤著腳把煤炭踢開。他的第一篇作文就是為動物請命而作的，足見他自幼就顯示出的憐憫貧弱之心。

沒受高等教育同樣可以有夢想

最讓林肯覺得吃驚的是：莎士比亞和伯恩斯居然都沒有上過大學，他們所受過的正規教育並不比他本人多多少。

這些實情使得林肯敢於開始夢想：沒有受過太多教育的他——文盲湯姆斯‧林肯的兒子，也可以從事比較高尚的工作，而不必一輩子去賣雜貨或者當一個打鐵匠。

隨時隨地閱讀

不論是沿著河邊散步，還是在林間徘徊，或者到田野工作——無論何時何地，林肯總是在腋下夾帶著一本契蒂或布萊克‧斯通的作品。

勇於承擔自己的債務

林肯騎馬抵達春田鎮的那一天，不但身無分文，而且還負了1100美元的債務——這是雜貨店破產後，他的合伙人貝利酗酒致死所留下來的債務。

林肯本可以聲明，由於生意失敗，請求法院判定分攤責任，或者隨便鑽一個法律的漏洞來躲過這筆債務，但他

没有這樣做，反而主動找到那些債主，表示祇要他們肯給他足夠的時間，他保證連本帶利償還他們的每一分錢。大家都答應了他，祇有一個人提起訴訟……其他的人則耐心地等待了十四年。林肯為了履行對大家的承諾，省吃儉用地堅持還債。直到1848年當選國會議員之後，他還將部分薪水寄回家鄉，向債主們償還這筆舊債的餘款。

行善就是信仰

林肯不屬於任何宗教派別，甚至避免跟好朋友談論宗教問題。不過他曾說：「我行善的時候心情好，我幹壞事的時候心情壞，這就是我的信仰。」

同情窮人

別的律師經常為林肯的低收費而感到十分氣憤，他們認為林肯打亂了行情，害得整個律師界窮困不堪。1853年，林肯四十四歲了，此時距離他入主白宮祇有八年，他在麥克林巡回法庭處理了四個案子，但總共祇收了三十美元。

對此，林肯說，有很多當事人和他一樣貧苦，他不忍

心收他們太多的錢。有一次，一個當事人付給林肯二十五美元的律師費，他卻退給對方十美元，還說對方太慷慨了。

堅持自由

有一天晚上，林肯和另一位律師在鄉村旅社中同床休息。黎明時，林肯仍穿著睡衣坐在床邊沉思。後來，他開口說的第一句話就是：「我告訴你，這個國家絕不可能永遠處於一半奴役一半自由的狀態。」

戰勝失敗

對於林肯來說，失敗一點也不新鮮，他一輩子都在面對失敗，但從未被擊垮。他依舊相信最終會成功。

任人惟才

當麥克里蘭對林肯的無理行為被報紙大肆宣傳之後，整個華盛頓議論不休。林肯太太淚流滿面，讓林肯撤掉「那個可怕的空談專家」。

林肯回答道：「我知道他不對。但是在這種時候，我不能祇顧自己個人的好惡。祇要麥克里蘭能為我們打勝仗，我情願為他提鞋子。」

林肯對於查爾斯這位羞辱他、傲慢他的人，評價又如何呢？他說：「在我所認識的大人物中，查爾斯比其中最好的一位還要強。」

儘管彼此之間有嫌隙怨恨，林肯卻采取了最高貴、最寬宏的態度。他將美國總統所能給予的最高榮譽頒給了查爾斯，讓他做美國最高法院的審判長。

後來，史丹頓、西華德和大多數原來辱罵及輕視林肯的人，都開始漸漸地尊敬他了。

遵從良知

林肯說：「有一天當我不再掌權時，如果世界上的每一個朋友都離棄我，至少還有一個朋友留下來了，那個朋友將深駐我靈魂之中……我並不是一定要贏，但一定不能做錯；我也不是一定要成功不可，但一定要遵從我的良知。」

富有同情心

林肯的秘書說：「寡婦和孤兒的哭聲總是在林肯的耳畔回響。」

哭哭啼啼的母親、情人和妻子，天天為判了死刑的囚犯來請求特赦。無論林肯多麼疲乏和勞累。

他說道：「當我去世後，但願有人會說我『在每一處能夠長出花朵的地方，我都會拔去荊棘，種下花芽』。」

不責怪自己的敵人

打了四年仗，林肯對南方人民並無恨意。他一再重復說：「別審判那些不必審判的事。設身處地想想，我們也會跟他們一樣。」

國家圖書館出版品預行編目資料

卡耐基幸福語錄 / 薛玉楠著. -- 修訂 1 版. -- 新北
市：黃山國際出版社有限公司, 2024.02
　　　　面；　　公分. --（幸福語錄；007）
ISBN 978-986-397-161-0（平裝）
1.CST：卡內基（Carnegie, Dale, 1888-1955）
2.CST：人生哲學

　　　　191.9　　　　　112017032

幸福語錄 007
卡耐基幸福語錄

著　作	薛玉楠	
出　版	黃山國際出版社有限公司	
	220 新北市板橋區縣民大道 3 段 93 巷 30 弄 25 號 1 樓	
	電話：02-32343788　　傳真：02-22234544	
	E-mail：pftwsdom@ms7.hinet.net	
印　刷	百通科技股份有限公司	
	電話：02-86926066 傳真：02-86926016	
總 經 銷	貿騰發賣股份有限公司	
	新北市 235 中和區立德街 136 號 6 樓	
	電話：02-82275988　　傳真：02-82275989	
	網址：www.namode.com	
版　次	2024 年 2 月修訂 1 版	
特　價	新台幣 280 元（缺頁或破損的書，請寄回更換）	

ISBN：978-986-397-161-0